초등 영단어, 파닉스-단어-리딩 **연결고리를 단단하게!**

WORDs for READING

단어가 읽기다

Starter ②

**" 파닉스 → 단어 → 리딩,
그 연결고리를
단단하게 하는 것이
핵심입니다. "**

학습 흐름 한눈에 보기

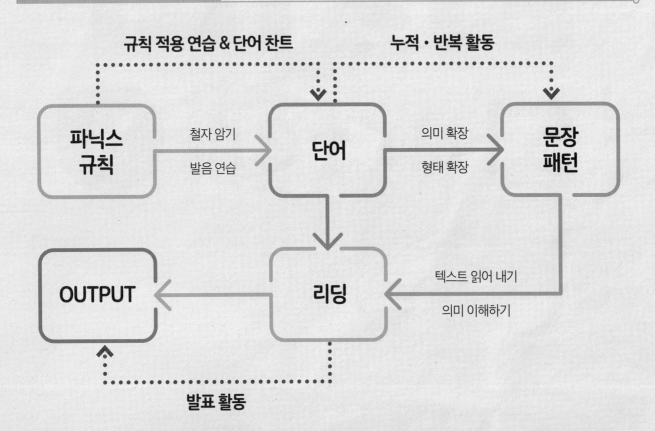

규칙 적용 연습 & 단어 찬트　　　　누적 · 반복 활동

| 파닉스 규칙 | 철자 암기 / 발음 연습 | 단어 | 의미 확장 / 형태 확장 | 문장 패턴 |

OUTPUT ← 리딩 ← 텍스트 읽어 내기 / 의미 이해하기 ← 문장 패턴

발표 활동

| 교재 구성 | 권수 | Starter 1, Starter 2 (총 2권) |
| | 구성 | 본책 + 워크북 + 찬트 영상 + 단어 테스트 |

온라인 부가자료 | www.englishbus.co.kr
MP3 + 단어쓰기 + 문장훈련 + Unit 테스트

단어

단어 철자 암기가 쉽다!

파닉스는 철자/발음 규칙으로, 파닉스 규칙을 적용하며 단어를 학습하면 "왜" 그렇게 발음되는지를 파악할 수 있기 때문에 철자 암기에도 도움을 줄 수 있습니다.
또한 <초등 단어가 읽기다 Starter>에서는 연관 있는 단어끼리 묶음으로 제시하여 의미를 연상할 수 있게 도울 뿐 아니라, 단어 찬트 영상으로 재미있게 따라 부르며 단어를 학습할 수 있습니다.

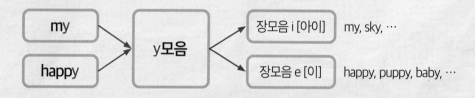

패턴

자연스러운 반복 학습이 된다!

교재 학습 과정 속에 단어와 문장 패턴의 누적/반복 연습이 녹아 있습니다. 연관되는 단어끼리, 자주 함께 쓰이는 단어끼리 연결되어 패턴으로 확장되고, 패턴이 리딩으로 연결되어 학습자는 자연스럽게 단어와 문장을 연습할 수 있습니다.

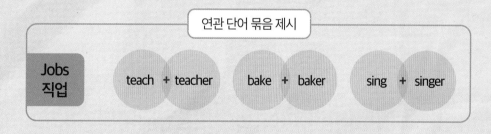

리딩

Output이 되는 진짜 영어 학습이다!

단어가 그대로 리딩이 되기 때문에 술술 읽을 수 있고, 이러한 경험을 통해 리딩에 대한 자신감을 키울 수 있습니다. 또한 각 유닛에서 학습한 단어와 문장, 리딩에서 쌓은 배경지식을 활용해 말하기 아웃풋(output) 활동으로 연결할 수 있습니다.

초등 영단어, **단어**가 **읽기**다 Starter 　구성과 특징

1

단어 묶음 & 철자 규칙

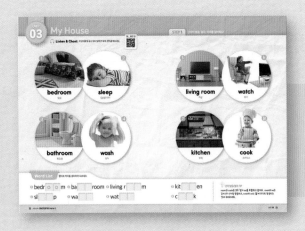

의미별로 단어를 연결해 기억해요!
파닉스 규칙 적용으로 철자 암기가 쉬워져요!

2

단어 확인 & 패턴 확장

단어가 패턴으로 확장되어
리딩 연결이 쉬워져요!

3

리딩 이해 & 발표 활동

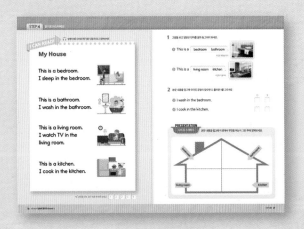

다양한 글감을 읽고 문제를 풀 수 있어요.
리딩 배경지식을 바탕으로 발표 활동을 해요!

본책 ──┬── 단어 찬트 영상 · Review Test
       └── 단어 테스트 · Review Game ➕ 워크북 ➕ 정답해설

▶ 단어 찬트 영상을 보면서 단어를
  박자에 맞춰 큰 소리로 따라 불러요!

▶ 뜯어 쓰는 단어 테스트 용지로
  미니 테스트를 할 수 있어요!

▶ 단어가 패턴으로 확장되는 연습을
  할 수 있어요. 단어를 활용할 수 있도록
  어떤 상황에서 쓰는지 확인해요.

▶ 단어 철자 연습과 패턴 연습을
  워크북에서 한 번 더 확인할 수 있어요!

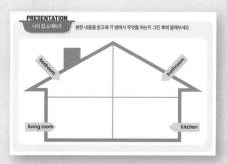

▶ 본문 읽기와 이해 문제 풀이를
  마치고 발표 활동을 통해
  말하기 자신감까지 키울 수 있어요!

▶ 챕터가 끝난 후에는 리뷰 테스트와
  리뷰 게임을 할 수 있어요!

초등 영단어, **단어가 읽기다 Starter** # 목차 & 요목

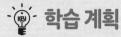

학습계획표

학습 계획

유닛 당 Lesson 1 & Lesson 2로 나누어 진행하고, 각 Unit의 Lesson 2를 시작하기 전에 본문 뒤에 있는 단어 테스트지 용지를 잘라 학습한 단어를 기억하고 있는지 확인해 보세요. 각 챕터가 끝난 후에 있는 리뷰테스트와 리뷰게임으로 배운 내용을 점검하세요.

단어→리딩 전략

리딩은 듣기에서부터 시작됩니다. 소리 중심 리딩 학습이 되려면 원어민 MP3 음원을 적극 활용해 단어-이미지-소리가 함께 연상될 수 있게 학습하고, 파닉스 규칙, 즉 발음/철자 규칙을 의도적으로 파악하며 단어를 학습하는 것이 중요합니다. 또한 대읽기 전 듣기 → 듣고 읽기 → 들으면서 읽기를 통해 전략적으로 반복해서 읽기 활동을 해보세요.

연습 / 응용

본문에 제시된 <Presentation> 코너 활동을 한 후에 큰 소리로 발표해 보세요. www.englishbus.co.kr에서 단어 쓰기, 문장 훈련, 유닛 테스트 등 다양한 학습 자료를 다운로드해 활용하세요.

DAY 1 UNIT 1 Lesson 1

학습날짜 _____월 _____일

- 본책 pp 10~13
  - 어떤 놀이 기구를 타고 노는지 말할 수 있는 단어/문장 패턴 학습
  - 단어/문장 듣기 & 확인 활동
- 워크북 p 2: 단어쓰기

DAY 2 UNIT 1 Lesson 2

학습날짜 _____월 _____일

- 단어 테스트(p 113)
- 본책 pp 14~15
  - 본문 읽기 & 확인 활동
  - Presentation 발표하기
- 워크북 p 3: 문장쓰기

DAY 6 UNIT 3 Lesson 2

학습날짜 _____월 _____일

- 단어 테스트(113p)
- 본책 pp 26~27
  - 본문 읽기 & 확인 활동
  - Presentation 발표하기
- 워크북 p 7: 문장쓰기

DAY 7 UNIT 4 Lesson 1

학습날짜 _____월 _____일

- 본책 pp 28~31
  - <색깔+동물> 패턴을 활용해 말할 수 있는 단어/문장 패턴 학습
  - 단어/문장 듣기 & 확인 활동
- 워크북 p 8: 단어쓰기

DAY 11 UNIT 6 Lesson 1

학습날짜 _____월 _____일

- CH1 리뷰 게임(pp 42~43)
- 본책 pp 44~47
  - 교통수단에 대해 말할 수 있는 단어/문장 패턴 학습
  - 단어/문장 듣기 & 확인 활동
- 워크북 p 12: 단어쓰기

DAY 12 UNIT 6 Lesson 2

학습날짜 _____월 _____일

- 단어 테스트(p 115)
- 본책 pp 48~49
  - 본문 읽기 & 확인 활동
  - Presentation 발표하기
- 워크북 p 13: 문장쓰기

DAY 16 UNIT 8 Lesson 2

학습날짜 _____월 _____일

- 단어 테스트(p 115)
- 본책 pp 60~61
  - 본문 읽기 & 확인 활동
  - Presentation 발표하기
- 워크북 p 17: 문장쓰기

DAY 17 UNIT 9 Lesson 1

학습날짜 _____월 _____일

- 본책 pp 62~65
  - 남녀의 직업이나 신분을 묻고 답할 수 있는 단어/문장 패턴 학습
  - 단어/문장 듣기 & 확인 활동
- 워크북 p 18: 단어쓰기

DAY 21 UNIT 11 Lesson 1

학습날짜 _____월 _____일

- CH2 리뷰 게임(pp 76~77)
- 본책 pp 78~81
  - 바깥 날씨를 말할 수 있는 단어/문장 패턴 학습
  - 단어/문장 듣기 & 확인 활동
- 워크북 p 22: 단어쓰기

DAY 22 UNIT 11 Lesson 2

학습날짜 _____월 _____일

- 단어 테스트(p 117)
- 본책 pp 82~83
  - 본문 읽기 & 확인 활동
  - Presentation 발표하기
- 워크북 p 23: 문장쓰기

DAY 26 UNIT 13 Lesson 2

학습날짜 _____월 _____일

- 단어 테스트(p 119)
- 본책 pp 94~95
  - 본문 읽기 & 확인 활동
  - Presentation 발표하기
- 워크북 p 27: 문장쓰기

DAY 27 UNIT 14 Lesson 1

학습날짜 _____월 _____일

- 본책 pp 96~99
  - 어떤 옷을 입고 있는지 묻고 답할 수 있는 단어/문장 패턴 학습
  - 단어/문장 듣기 & 확인 활동
- 워크북 p 28: 단어쓰기

★ **영어 학습**이 **습관**이 될 수 있도록 **매일 스스로** 학습한 내용을 체크하세요!

DAY 3 UNIT 2 Lesson 1	**DAY 4** UNIT 2 Lesson 2	**DAY 5** UNIT 3 Lesson 1
학습날짜 ____월 ____일	학습날짜 ____월 ____일	학습날짜 ____월 ____일

• 본책 pp 16~19
 - 학교에서 하는 여러 활동을 말할 수
  있는 단어/문장 패턴 학습
 - 단어/문장 듣기 & 확인 활동
• 워크북 p 4: 단어쓰기
	• 단어 테스트(p 113)
	• 본책 pp 20~21
	 - 본문 읽기 & 확인 활동
	 - Presentation 발표하기
	• 워크북 p 5: 문장쓰기
		• 본책 pp 22~25
		 - 집의 여러 공간에 대해 말할 수 있는
		  단어/문장 패턴 학습
		 - 단어/문장 듣기 & 확인 활동
		• 워크북 p 6: 단어쓰기

DAY 8 UNIT 4 Lesson 2	**DAY 9** UNIT 5 Lesson 1	**DAY 10** UNIT 5 Lesson 2
학습날짜 ____월 ____일	학습날짜 ____월 ____일	학습날짜 ____월 ____일
• 단어 테스트(p 113) • 본책 pp 32~33 - 본문 읽기 & 확인 활동 - Presentation 발표하기 • 워크북 p 9: 문장쓰기	• 본책 pp 34~37 - 해변에서 할 수 있는 활동을 말할 수 있는 단어/문장 패턴 학습 - 단어/문장 듣기 & 확인 활동 • 워크북 p 10: 단어쓰기	• 단어 테스트(p 115) • 본책 pp 38~39 - 본문 읽기 & 확인 활동 - Presentation 발표하기 • CH 1 리뷰 테스트(pp 40~41) • 워크북 p 11: 문장쓰기

DAY 13 UNIT 7 Lesson 1	**DAY 14** UNIT 7 Lesson 2	**DAY 15** UNIT 8 Lesson 1
학습날짜 ____월 ____일	학습날짜 ____월 ____일	학습날짜 ____월 ____일

• 본책 pp 50~53
 - 몇 개의 바퀴가 있는지 묻고 답할 수
  있는 단어/문장 패턴 학습
 - 단어/문장 듣기 & 확인 활동
• 워크북 p 14: 단어쓰기
	• 단어 테스트(p 115)
	• 본책 pp 54~55
	 - 본문 읽기 & 확인 활동
	 - Presentation 발표하기
	• 워크북 p 15: 문장쓰기
		• 본책 pp 56~59
		 - 남녀의 직업이나 신분을 말할 수 있는
		  단어/문장 패턴 학습
		 - 단어/문장 듣기 & 확인 활동
		• 워크북 p 16: 단어쓰기

DAY 18 UNIT 9 Lesson 2	**DAY 19** UNIT 10 Lesson 1	**DAY 20** UNIT 10 Lesson 2
학습날짜 ____월 ____일	학습날짜 ____월 ____일	학습날짜 ____월 ____일
• 단어 테스트(p 117) • 본책 pp 66~67 - 본문 읽기 & 확인 활동 - Presentation 발표하기 • 워크북 p 19: 문장쓰기	• 본책 pp 68~71 - 농장 동물에 대해 묻고 답할 수 있는 단어/문장 패턴 학습 - 단어/문장 듣기 & 확인 활동 • 워크북 p 20: 단어쓰기	• 단어 테스트(p 117) • 본책 pp 72~73 - 본문 읽기 & 확인 활동 - Presentation 발표하기 • CH 2 리뷰 테스트(pp 74~75) • 워크북 p 21: 문장쓰기

DAY 23 UNIT 12 Lesson 1	**DAY 24** UNIT 12 Lesson 2	**DAY 25** UNIT 13 Lesson 1
학습날짜 ____월 ____일	학습날짜 ____월 ____일	학습날짜 ____월 ____일

• 본책 pp 84~87
 - 계절에 따른 나무의 변화를 말할 수
  있는 단어/문장 패턴 학습
 - 단어/문장 듣기 & 확인 활동
• 워크북 p 24: 단어쓰기
	• 단어 테스트(p 117)
	• 본책 pp 88~89
	 - 본문 읽기 & 확인 활동
	 - Presentation 발표하기
	• 워크북 p 25: 문장쓰기
		• 본책 pp 90~93
		 - 날씨에 따라 입는 옷을 말할 수 있는
		  단어/문장 패턴 학습
		 - 단어/문장 듣기 & 확인 활동
		• 워크북 p 26: 단어쓰기

DAY 28 UNIT 14 Lesson 2	**DAY 29** UNIT 15 Lesson 1	**DAY 30** UNIT 15 Lesson 2
학습날짜 ____월 ____일	학습날짜 ____월 ____일	학습날짜 ____월 ____일
• 단어 테스트(p 119) • 본책 pp 100~101 - 본문 읽기 & 확인 활동 - Presentation 발표하기 • 워크북 p 29: 문장쓰기	• 본책 pp 102~105 - 밤하늘과 야행성 동물에 대해 말할 수 있는 단어/문장 패턴 학습 - 단어/문장 듣기 & 확인 활동 • 워크북 p 30: 단어쓰기	• 단어 테스트(p 119) • 본책 pp 106~107 - 본문 읽기 & 확인 활동 - Presentation 발표하기 • CH 3 리뷰 테스트, 리뷰 게임(pp 108~111) • 워크북 p 31: 문장쓰기

Listen & Chant 각 단어를 잘 듣고 따라 말해 본 후에, 찬트를 해보세요.

QR _ UNIT 01

① play
놀다

② playground
놀이터

③ go up
(위로) 올라가다

④ go down
(아래로) 내려가다

Word List
철자와 의미를 생각하며 써보세요.

❶ p l ay ❸ go ☐ ☐ ❺ sl ☐ de

❷ play ☐ ☐ ound ❹ ☐ ☐ down ❻ ☐ ee aw

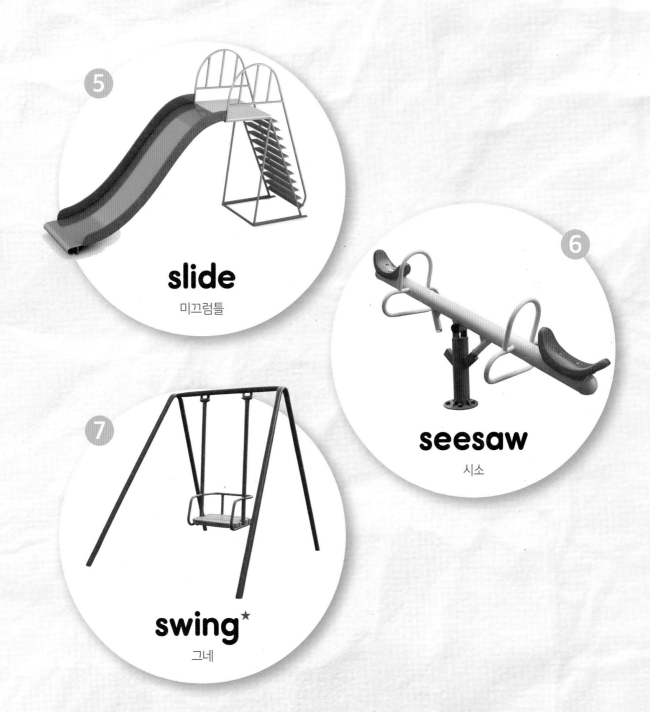

⑤ **slide**
미끄럼틀

⑥ **seesaw**
시소

⑦ **swing**★
그네

★ 그네는 2개 이상이 한 세트로 되어 있는 경우에는 swings라고 말해요.

⑦ SW

💡 단어 발음/철자 TIP

go처럼 〈자음 + 모음〉으로 이루어진 단어의 모음은 장모음으로 소리나요. slide의 i는 장모음 i [아이], swing의 i는 단모음 i [이] 소리를 내요. 특히 swing의 ing는 자주 만나는 발음이니 주의깊게 들어보세요.

A 잘 듣고 알맞은 단어를 고른 후, 큰 소리로 여러 번 읽어보세요.

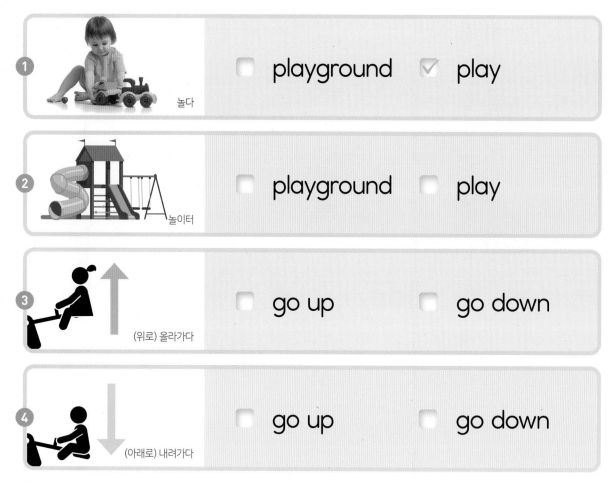

1. 놀다 — ☐ playground ☑ play
2. 놀이터 — ☐ playground ☐ play
3. (위로) 올라가다 — ☐ go up ☐ go down
4. (아래로) 내려가다 — ☐ go up ☐ go down

B 잘 듣고 빈칸에 단어를 쓰세요. 그리고 의미를 생각하며 읽어보세요.

1. slide 미끄럼틀 → play on the 미끄럼틀을 타고 놀다 _slide_
2. swing 그네 → play on the 그네를 타고 놀다 _____
3. seesaw 시소 → play on the 시소를 타고 놀다 _____

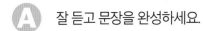
Ⓐ 잘 듣고 문장을 완성하세요.

| play | 놀다 |
| swings | 그네들 |

We _____ on the _____ .

우리는 **그네들**을 타고 **놀아요**.

| play | 놀다 |
| seesaw | 시소 |

We _____ on the _____ .

우리는 **시소**를 타고 **놀아요**.

play on the slide
미끄럼틀을 타고 놀다

<on + (놀이)기구>는 '~을 타고'라고 해석할 수 있어요.
따라서 play on the slide는 '미끄럼틀을 타고 놀다'라는 의미예요.

Ⓑ 잘 듣고 그림에 맞는 문장을 고르세요. 그리고 큰 소리로 읽어보세요.

1. ☐ We play on the slide.
   ☐ We play on the seesaw.

2. ☐ We go up and go down.
   ☐ We play on the seesaw.

3. ☐ We play on the playground.
   ☐ We sleep on the playground.

'놀이터에서' 라는 뜻이에요.

I CAN READ!

🎧 앞에서 배운 단어로 만든 짧은 글을 잘 듣고, 읽어보세요.

On the Playground

Jane and I play together.

We play on the slide.
We go up and go down.

We play on the seesaw.
We go up and go down.

We play on the swings.
We go up and go down.

We play on the playground.

★ together
함께, 같이

✔ 본문을 읽고, 읽은 만큼 체크해 보세요. 1 2 3 4 5

1 그림을 보고 알맞은 단어를 골라 동그라미 하세요.

① We [go up | play] together.

우리는 함께 놀아요.

② We play on the [swings | seesaw] .

우리는 그네들을 타고 놀아요.

2 본문 내용을 참고해 주어진 문장이 맞으면 O, 틀리면 X를 고르세요.

	O	X
① Jane and I go up and go down.	☐	☐
② We play on the playground.	☐	☐

PRESENTATION
그림일기 완성하기

본문 내용을 참고해 친구와 나의 모습을 그리고, 문장을 완성하세요.

_____ and I play
(친구 이름)

together.

We play on the playground.

We play on the

_____ .

(seesaw / swings / slide)

🎧 **Listen & Chant** 각 단어를 잘 듣고 따라 말해 본 후에, 찬트를 해보세요.

QR_UNIT 02

1

school
학교

2

friend
친구

3

read
읽다

4

book
책

Word List 철자와 의미를 생각하며 써보세요.

❶ sch o o l   ❸ r ☐ ☐ d   ❺ c ☐ ☐ nt

❷ ☐ ☐ iend   ❹ b ☐ ☐ k   ❻ n ☐ mber

⑤ **count**
세다

⑥ **number**
숫자

⑦ **draw**
그리다

⑧ **picture**
그림

⑦ dr ☐ ☐

⑧ p ☐ cture

 단어 발음/철자 TIP

school, book의 oo, read의 ea, count의 ou, draw의 aw는
두 개의 철자가 합쳐져 하나의 모음 소리를 만드는 경우예요.
각각 어떤 소리를 만드는지 주의깊게 여러 번 들어보세요.

A 잘 듣고 알맞은 단어를 고른 후, 큰 소리로 여러 번 읽어보세요.

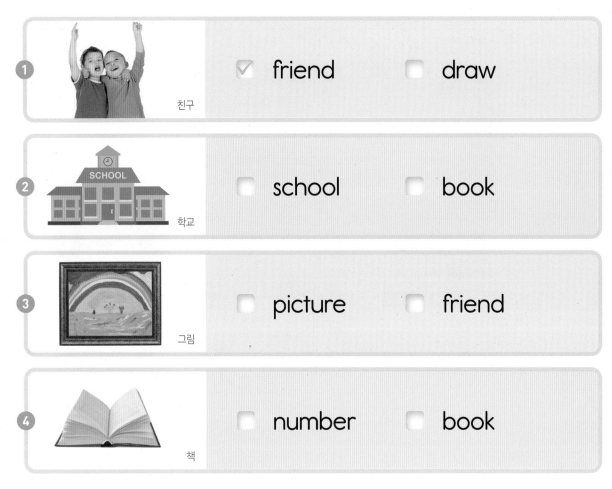

1. 친구
☑ friend   ☐ draw

2. 학교
☐ school   ☐ book

3. 그림
☐ picture   ☐ friend

4. 책
☐ number   ☐ book

B 잘 듣고 빈칸에 단어를 쓰세요. 그리고 의미를 생각하며 읽어보세요.

1. read
읽다
→ 책들을 읽다
_____ books

2. draw
그리다
→ 그림들을 그리다
_____ pictures

3. count
세다
→ 숫자들을 세다
_____ numbers

잘 듣고 문장을 완성하세요.

draw
pictures

At school, I _____

_____ .

학교에서 나는 **그림들을 그린다**.

play
friends

At school, I _____ with

my _____ .

학교에서 나는 나의 **친구들과 논다**.

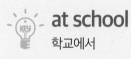

at school
학교에서

at은 '~에(서)'라는 뜻으로 장소 앞에 사용할 수 있어요.
at school은 하나의 덩어리로 기억하면 좋아요.

B 잘 듣고 그림에 맞는 문장을 고르세요. 그리고 큰 소리로 읽어보세요.

☐ I read books.

☐ I draw pictures.

☐ At school, I sing and dance.

☐ At school, I read books.

☐ At school, I count numbers.

☐ At school, I play with my friends.

앞에서 배운 단어로 만든 짧은 글을 잘 듣고, 읽어보세요.

I CAN READ!

School Is Fun!

At school,
I read books.
I count numbers.
I draw pictures.
I color pictures.
I sing and dance.
I play with my friends.

School is fun!

★ fun
재미있는, 즐거운

✓ 본문을 읽고, 읽은 만큼 체크해 보세요.　1　2　3　4　5

1 그림을 보고 알맞은 단어를 골라 동그라미 하세요.

① I read　[books　numbers] .

나는 책들을 읽는다.

② I play with my　[friends　pictures] .

나는 친구들과 논다.

2 본문 내용을 참고해 주어진 문장이 맞으면 O, 틀리면 X를 고르세요.

	O	X
① At school, I count numbers.	☐	☐
② At school, I draw pictures.	☐	☐

PRESENTATION

학교에서 하는 활동　학교에서 하는 활동 하나를 그리고 문장을 완성해 말해보세요.

At school, I _____ .

My House

 Listen & Chant 각 단어를 잘 듣고 따라 말해 본 후에, 찬트를 해보세요.

bedroom

침실

sleep

(잠을) 자다

bathroom

화장실

wash

씻다

Word List   철자와 의미를 생각하며 써보세요.

❶ bedr ⚬ ⚬ m   ❸ ba ⬜ ⬜ room   ❺ living r ⬜ ⬜ m

❷ sl ⬜ ⬜ p   ❹ wa ⬜ ⬜   ❻ wat ⬜ ⬜

5 living room
거실

6 watch
보다

7 kitchen
부엌

8 cook
요리하다

7 kit [ ] [ ] en

8 c [ ] [ ] k

💡 단어 발음/철자 TIP

room과 cook은 모두 철자 oo를 포함하고 있어요. room의 oo는
길게 [우-]처럼 발음되고, cook의 oo는 짧게 [우]로 발음되는
것에 주의하세요.

A 잘 듣고 알맞은 단어를 고른 후, 큰 소리로 여러 번 읽어보세요.

1. 씻다 ☑ wash ☐ sleep
2. 요리하다 ☐ cook ☐ watch
3. (잠을) 자다 ☐ cook ☐ sleep
4. 보다 ☐ watch ☐ wash

B 잘 듣고 빈칸에 단어를 쓰세요. 그리고 의미를 생각하며 읽어보세요.

1. bedroom 침실 → in the _____ 침실에서
2. bathroom 화장실 → in the _____ 화장실에서
3. kitchen 부엌 → in the _____ 부엌에서

잘 듣고 문장을 완성하세요.

| sleep | (잠을) 자다 |
| bedroom | 침실 |

1 → I _____ in the
_____ .

나는 **침실**에서 **자요**.

| watch | 보다 |
| living room | 거실 |

2 → I _____ TV in the
_____ .

나는 **거실**에서 TV를 **봐요**.

in the bedroom
침실에서

in은 장소 앞에서 '~ 에서'라는 의미로 사용해요.
따라서 in the bedroom은 '침실에서'라는 뜻이에요.

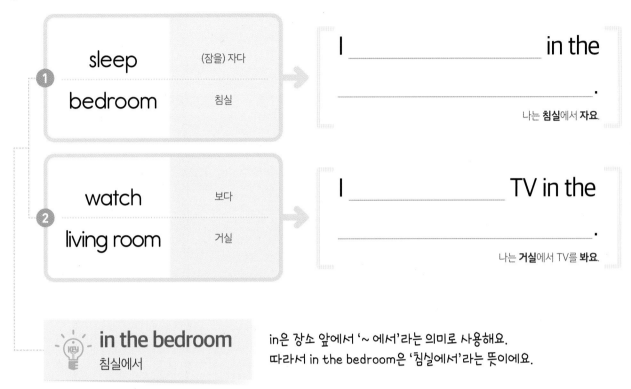

 잘 듣고 그림에 맞는 문장을 고르세요. 그리고 큰 소리로 읽어보세요.

1
☐ This is a kitchen.
☐ This is a living room.

2
☐ I wash in the bathroom.
☐ I sleep in the bedroom.

3
☐ I watch TV in the living room.
☐ I cook in the kitchen.

🎧 앞에서 배운 단어로 만든 짧은 글을 잘 듣고, 읽어보세요.

My House

This is a bedroom.
I sleep in the bedroom.

This is a bathroom.
I wash in the bathroom.

This is a living room.
I watch TV in the
living room.

This is a kitchen.
I cook in the kitchen.

✔ 본문을 읽고, 읽은 만큼 체크해 보세요. [1] [2] [3] [4] [5]

1 그림을 보고 알맞은 단어를 골라 동그라미 하세요.

① This is a   bedroom   bathroom   .

이곳은 화장실이야.

② This is a   living room   kitchen   .

이곳은 거실이야.

2 본문 내용을 참고해 주어진 문장이 맞으면 O, 틀리면 X를 고르세요.

O   X

① I wash in the bedroom.

② I cook in the kitchen.

PRESENTATION

나의 집 소개하기   본문 내용을 참고해 각 방에서 무엇을 하는지 그린 후에 말해보세요.

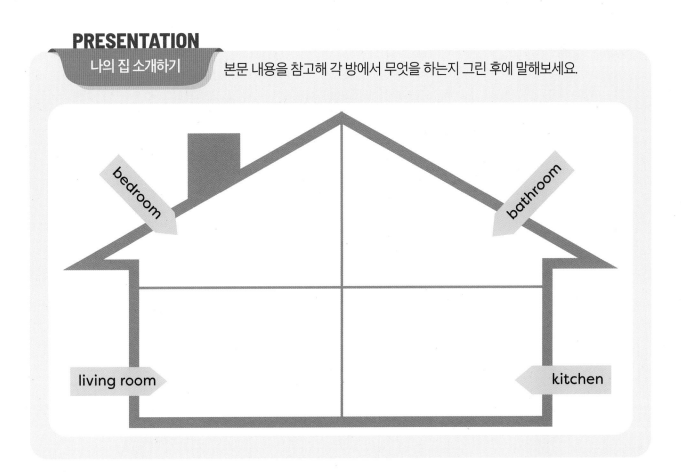

In the Garden

QR_UNIT 04

🎧 **Listen & Chant** 각 단어를 잘 듣고 따라 말해 본 후에, 찬트를 해보세요.

1 **bird**
새

2 **frog**
개구리

3 **butterfly**
나비

4 **ladybug**
무당벌레

Word List   철자와 의미를 생각하며 써보세요.

① b ☐ ☐ d   ③ butt ☐ ☐ fly   ⑤ g ☐ rden

② fr ☐ g   ④ ladyb ☐ g   ⑥ flow ☐ ☐

5 **garden**
정원

6 **flower**
꽃

7 **tree**
나무

7 tr ▢ ▢

💡 단어 발음/철자 TIP

bird의 ir, butterfly와 flower의 er, 그리고 garden의 ar은 모두 r발음의 영향을 받는 모음 소리예요. 어떤 소리가 나는지 주의 깊게 여러 번 들어보세요.

A 잘 듣고 알맞은 단어를 고른 후, 큰 소리로 여러 번 읽어보세요.

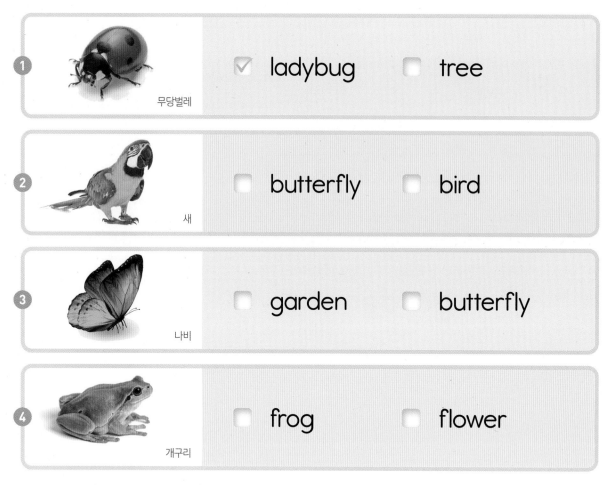

1 무당벌레
☑ ladybug ☐ tree

2 새
☐ butterfly ☐ bird

3 나비
☐ garden ☐ butterfly

4 개구리
☐ frog ☐ flower

B 단어를 따라 쓰고, 알맞은 우리말 뜻을 골라 빈칸에 쓰세요.

보기   무당벌레   정원   나비   나무   꽃

1 tree

2 flower

3 garden

A 잘 듣고 문장을 완성하세요.

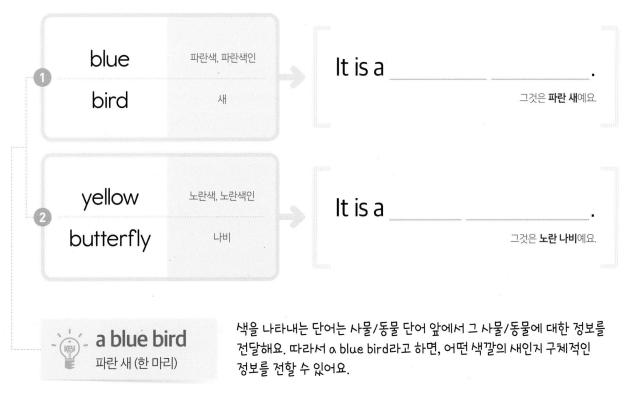

blue	파란색, 파란색인
bird	새

→ It is a _____ _____.

그것은 **파란 새**예요.

yellow	노란색, 노란색인
butterfly	나비

→ It is a _____ _____.

그것은 **노란 나비**예요.

💡 KEY
a blue bird
파란 새 (한 마리)

색을 나타내는 단어는 사물/동물 단어 앞에서 그 사물/동물에 대한 정보를 전달해요. 따라서 a blue bird라고 하면, 어떤 색깔의 새인지 구체적인 정보를 전할 수 있어요.

B 잘 듣고 그림에 맞는 문장을 고르세요. 그리고 큰 소리로 읽어보세요.

1.
- ☐ I see trees.
- ☐ I see flowers.

2.
- ☐ It is a green frog.
- ☐ It is a red and black ladybug.
  '검은'이라는 뜻이에요.

3.
- ☐ I am in the garden.
- ☐ I am in the living room.
  I am 뒤에 장소가 오면 '나는 ~에 있다'라는 뜻이에요.

In the Garden

I see a butterfly.
It is a yellow butterfly.

I see a frog.
It is a green frog.

I see a bird.
It is a blue bird.

I see a ladybug.
It is a red and black
ladybug.

I see trees and flowers.
I am in the garden.

✔ 본문을 읽고, 읽은 만큼 체크해 보세요. 1 2 3 4 5

1 그림을 보고 알맞은 단어를 골라 동그라미 하세요.

① I see a | butterfly | bird | .

나는 새를 봐요.

② I see a | frog | tree | .

나는 개구리를 봐요.

2 본문 내용을 참고해 주어진 문장이 맞으면 O, 틀리면 X를 고르세요.

	O	X
① The butterfly is red and black.	☐	☐
② I see flowers in the garden.	☐	☐

PRESENTATION

정원에서 볼 수 있는 것   그림을 원하는 색으로 칠하고, 주어진 문장을 완성해 말해보세요.

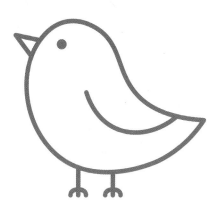

I see a bird in the garden.
It is a _____ _____ .
(색깔 이름)

I see a butterfly in the garden.
It is a _____ _____ .
(색깔 이름)

My Big Sandcastle

QR_UNIT 05

🎧 **Listen & Chant** 각 단어를 잘 듣고 따라 말해 본 후에, 찬트를 해보세요.

1

swim
수영하다

2

water
물

3

dig
파다

4

sand
모래

Word List 철자와 의미를 생각하며 써보세요.

❶ sw [i] m   ❸ d [ ] g   ❺ m [ ] k [ ]

❷ wat [ ] [ ]   ❹ s [ ] nd   ❻ s [ ] ndc [ ] stle

5 **make**
만들다

6 **sandcastle**
모래성

7 **surf**
파도타기를 하다

8 **wave**
파도, 물결

7 s ☐ ☐ f

8 W ☐ V ☐

단어 발음/철자 TIP

sand, sandcastle의 a는 단모음으로 [애] 소리를 내요.
wave, make는 <자음＋모음＋자음＋e> 형태로,
이때 a는 장모음 [에이] 소리를 만들어요.

A 잘 듣고 알맞은 단어를 고른 후, 큰 소리로 여러 번 읽어보세요.

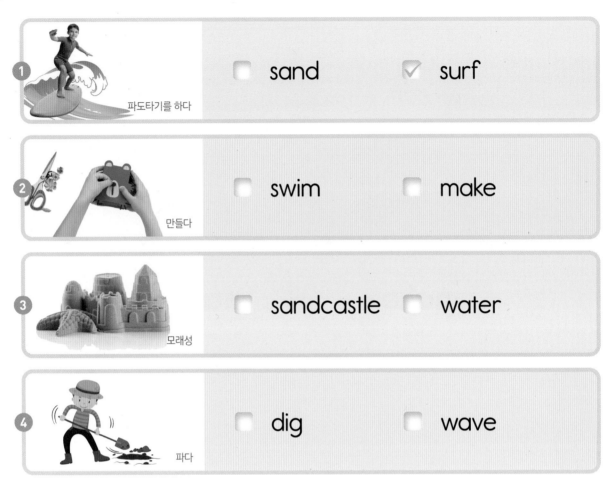

1. 파도타기를 하다 ☐ sand ☑ surf
2. 만들다 ☐ swim ☐ make
3. 모래성 ☐ sandcastle ☐ water
4. 파다 ☐ dig ☐ wave

B 잘 듣고 빈칸에 단어를 쓰세요. 그리고 의미를 생각하며 읽어보세요.

1. water 물 → swim in the _____ 물에서 수영하다
2. sand 모래 → play in the _____ 모래에서 놀다
3. wave 파도, 물결 → surf in the _____s 파도 (속)에서 파도타기를 하다

파도타기는 파도가 많은 바다에서 하므로, 보통 wave에 s를 붙여 waves로 써요.

잘 듣고 문장을 완성하세요.

making

sandcastle

I am _____ a

_____ .

나는 **모래성**을 만들고 있다.

digging

sand

My dog is _____

in the _____ .

나의 개는 **모래**를 파고 있다.

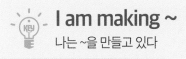

I am making ~
나는 ~을 만들고 있다

<am/are/is + 동작단어ing>는 어떤 것을 하고 있는 상태를 강조할 때 사용해요. 동작단어에 ing를 붙이면 make → making, dig → digging, play → playing, surf → surfing, swim → swimming으로 변해요.

B 잘 듣고 우리말 의미에 맞게 알맞은 단어를 고르세요. 그리고 큰 소리로 읽어보세요.

1 나의 여동생은 모래에서 놀고 있다.

My sister is | playing | | surfing | in the sand.

2 나는 모래성을 만들고 있다.

I am | digging | | making | a sandcastle.

3 우리 아빠는 파도에서 파도타기를 하고 있다.

My dad is | swimming | | surfing |
in the waves.

🎧 앞에서 배운 단어로 만든 짧은 글을 잘 듣고, 읽어보세요.

My Big Sandcastle

My sister is playing in the sand.
My dog is digging in the sand.

My brother is swimming in the water.
My dad is surfing in the waves.

I am making a sandcastle.
Ta-da!
Look at my big sandcastle!

> ★ Ta-da!
> 짜잔!

✓ 본문을 읽고, 읽은 만큼 체크해 보세요. 1 2 3 4 5

1 그림을 보고 알맞은 단어를 골라 동그라미 하세요.

1 I am swimming [in the sand / in the water] .

나는 물속에서 수영하고 있어.

2 I am making a [sandcastle / pizza] .

나는 모래성을 만들고 있어.

2 본문 내용을 참고해 주어진 문장이 맞으면 O, 틀리면 X를 고르세요.

	O	X
1 My brother is surfing in the waves.	☐	☐
2 My sister is playing in the sand.	☐	☐

PRESENTATION
하고 있는 동작 말하기   길을 따라가서 누가 무엇을 하고 있는 중인지 말해보세요.

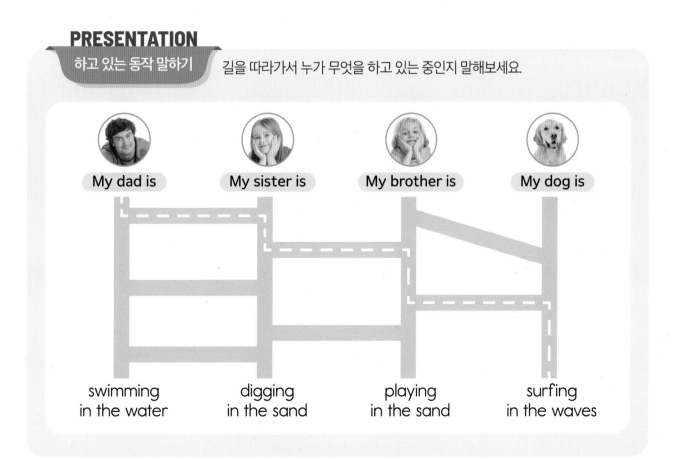

My dad is   My sister is   My brother is   My dog is

swimming
in the water

digging
in the sand

playing
in the sand

surfing
in the waves

Review Test   Units 1~5

⭐ **Listen & Circle** 잘 듣고 알맞은 단어에 동그라미 하세요.

1. swings / school
2. garden / kitchen
3. picture / playground
4. living room / ladybug

⭐ **Look & Write** 그림을 보고 올바른 철자를 따라가 단어를 쓰세요.

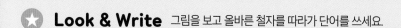

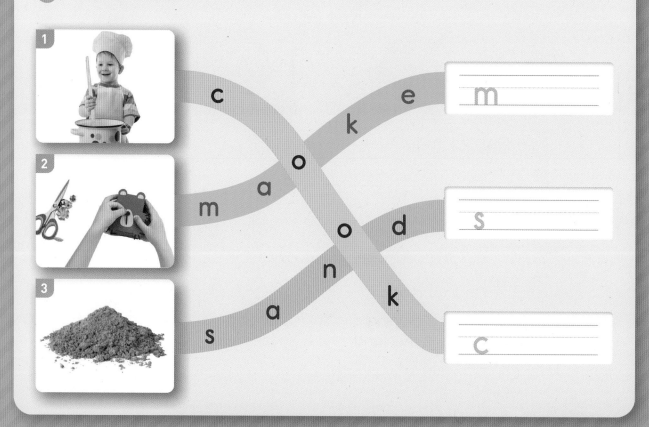

1. m _ _ _
2. s _ _ _
3. c _ _ _

★ Read & Match 문장을 소리 내어 읽고, 알맞은 그림을 찾아 연결하세요.

1. At school, I **draw** pictures.

2. It is a **blue bird**.

3. Look at my big **sandcastle**.

4. We play on the **slide**.

a

b

c

d

★ Read & Write 문장을 소리 내어 읽고, 우리말 뜻을 완성하세요.

1. We go up and **go down**.

   우리는 올라가고 _____.

2. I play with my **friends**.

   나는 나의 _____과 논다.

3. I sleep in the **bedroom**.

   나는 _____에서 잔다.

4. My dad **is surfing** in the waves.

   우리 아빠는 파도에서
   _____.

START!

가위 바위 보를 해서
이긴 사람부터 시작해요.
퀴즈를 맞히면
별상자에 별을 그리세요.

1 ⭐⭐

그림을 보고, 빈칸을 채워
말하세요.

W _ _ _ _ _ _ TV

2

무슨 색 동물인지 <색 이름 +
동물 이름> 형태를 활용해
영어로 말하세요.

15 ⭐⭐⭐

'나는 지금 sandcastle을
만들고 있어.'라고
영어로 말하세요.

Review Game — Units 1~5

14 ⭐⭐

그림을 보고 문장을 완성해
'나는 정원에 있어요.'라고
영어로 말하세요.

I am _ _ _ _ _
_ _ _ _ _ _

13 ⭐

수학 시간에 무엇을 하나요? 그림을
보고 말하세요. 맞히면 별 1개를
그리고, 틀리면 뒤로 3칸 가요.

1, 2, 3, ...

12

퐁당!
한 번 쉬어요.

11 ⭐⭐⭐

지금 어디에서 공부하고 있나요?
living room이면 별을 3개 그리고,
bedroom이면 별을 2개 그려요.
둘 다 아니면 별을 1개 그려요.

3

풍당!
한 번 쉬어요.

4 ⭐⭐

'내 남동생은 물에서 수영하고 있어요.'를 영어로 말하세요. 맞히면 별 2개를 그리고 앞으로 2칸 가요.

5 ⭐⭐

그림을 보고 문장을 완성해 '나는 학교에서 책들을 읽어요.'라고 영어로 말하세요.

At school
I _____
_____

<게임 방법>

- 가위 바위 보를 해서 ✋ 와 ✊ 로 이기면 **1칸**, ✌️ 로 이기면 **2칸**을 가요.
- 도착한 칸의 퀴즈를 맞히면 칸에 있는 수만큼 별을 그려요.
- 한 명이 먼저 한 바퀴를 다 돌면 게임 끝! 누가 더 많은 별을 그렸는지 세어보세요.

6 ⭐

둘 중 더 좋아하는 놀이 기구의 이름을 영어로 말하세요.

7 ⭐

그림 속 강아지가 하고 있는 행동을 한 단어로 말하세요.

10 ⭐

아이가 무엇을 타고 있나요? 빈칸을 채워 영어로 말하세요.

I play on the
_____.

9 ⭐⭐ / ⭐

'그것은 노란 나비야.'라고 영어로 말하세요. 맞히면 별 2개를 그리고, 틀리면 별 1개를 지워요.

8 ⭐⭐⭐

그림을 보고 '나는 화장실에서 씻어요.'를 영어로 말하세요.

I Go by Bike

🎧 **Listen & Chant** 각 단어를 잘 듣고 따라 말해 본 후에, 찬트를 해보세요.

QR_UNIT 06

① **walk**
걷다

② **go**
가다

③ **bike**
자전거

④ **car**
자동차

Word List 철자와 의미를 생각하며 써보세요.

① wa ☐l☐ ☐k☐   ③ b ☐ ☐ k ☐   ⑤ b ☐ s

② g ☐   ④ c ☐ ☐   ⑥ tr ☐ ☐ n

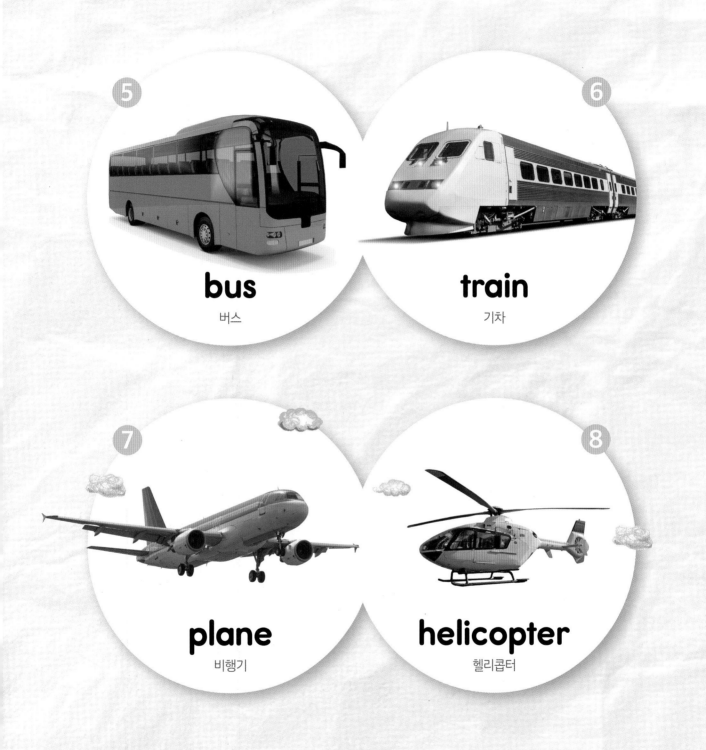

⑤ **bus**
버스

⑥ **train**
기차

⑦ **plane**
비행기

⑧ **helicopter**
헬리콥터

⑦ pl⬜n⬜

⑧ helicopt⬜⬜

 단어 발음/철자 TIP

train의 ai는 장모음 [에이] 소리를 만들고, plane의 a 역시 장모음 [에이] 소리를 만들어요. 이 둘은 소리는 같지만 철자가 다르다는 점을 꼭 기억하세요.

잘 듣고 알맞은 단어를 고른 후, 큰 소리로 여러 번 읽어보세요.

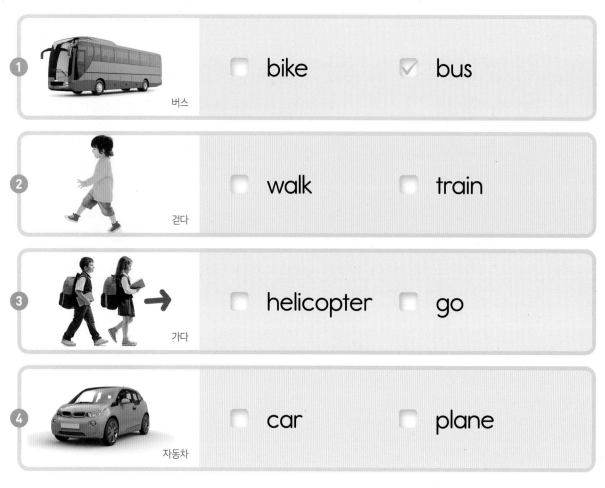

1. 버스 — ☐ bike ☑ bus
2. 걷다 — ☐ walk ☐ train
3. 가다 — ☐ helicopter ☐ go
4. 자동차 — ☐ car ☐ plane

B 잘 듣고 빈칸에 단어를 쓰세요. 그리고 의미를 생각하며 읽어보세요.

1. train 기차 → 이것은 기차예요. This is a _____.

2. plane 비행기 → 이것은 비행기예요. This is a _____.

3. helicopter 헬리콥터 → 이것은 헬리콥터예요. This is a _____.

A 잘 듣고 문장을 완성하세요.

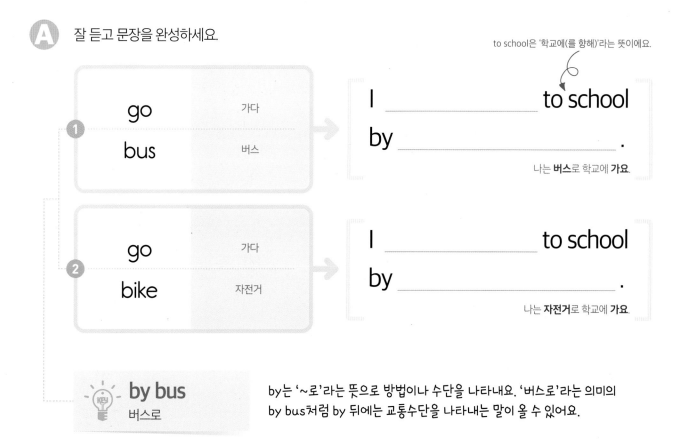

to school은 '학교에(를 향해)'라는 뜻이에요.

1
go　가다
bus　버스

I ＿＿＿＿＿＿＿ to school
by ＿＿＿＿＿＿＿ .

나는 **버스**로 학교에 **가요.**

2
go　가다
bike　자전거

I ＿＿＿＿＿＿＿ to school
by ＿＿＿＿＿＿＿ .

나는 **자전거**로 학교에 **가요.**

by bus
버스로

by는 '~로'라는 뜻으로 방법이나 수단을 나타내요. '버스로'라는 의미의 by bus처럼 by 뒤에는 교통수단을 나타내는 말이 올 수 있어요.

B 잘 듣고 우리말 의미에 맞게 알맞은 단어를 고르세요. 그리고 큰 소리로 읽어보세요.

1
이것은 자동차예요.

This is a ⬚ plane ⬚ ⬚ car ⬚ .

2
나는 놀이터에 걸어가요.

I ⬚ walk ⬚ ⬚ bike ⬚ to the playground.

3
나는 기차로 학교에 가요.

I go to school by ⬚ train ⬚ ⬚ helicopter ⬚ .

I CAN READ!

🎧 앞에서 배운 단어로 만든 짧은 글을 잘 듣고, 읽어보세요.

I Go by Bike

This is a bus.
I go to school by bus.

This is a car.
I go to school by car.

This is a bike.
I go to the playground by bike.

I walk to the playground.

✔ 본문을 읽고, 읽은 만큼 체크해 보세요. 1 2 3 4 5

1 그림을 보고 알맞은 단어를 골라 동그라미 하세요.

① This is a | bus | helicopter | .

이것은 헬리콥터예요.

② This is a | plane | train | .

이것은 비행기예요.

2 본문 내용을 참고해 주어진 문장이 맞으면 O, 틀리면 X를 고르세요.

O   X

① I go to school by train. ☐ ☐

② I walk to the playground. ☐ ☐

PRESENTATION

교통수단 말하기   주어진 그림에 맞게 문장을 완성해 말해보세요.

This is a _____.
(교통수단)

I go to _____
(장소)

by _____.
(교통수단)

How Many Wheels?

🎧 **Listen & Chant** 각 단어를 잘 듣고 따라 말해 본 후에, 찬트를 해보세요.

① seven
7(칠), 일곱

② eight
8(팔), 여덟

③ nine
9(구), 아홉

④ ten
10(십), 열

Word List
철자와 의미를 생각하며 써보세요.

① s e ven   **③** n ☐ n ☐   **⑤** m ☐ n ☐

② ei ☐ ☐ t   **④** t ☐ n   **⑥** h ☐ ☐ many

⑤ **many**
많은

⑥ **how many**
몇 개(사람)의

⑦ *ᵃ **a wheel**
바퀴 (한 개)

⑧ **wheels**
바퀴들

★ 사물이 하나보다 많을 때 단어 모양의 변화는 1권 Unit 11에서, 숫자(1~6)는 1권 Unit 9에서 복습할 수 있어요.

⑦ a ▢ ▢ eel

⑧ wh ▢ ▢ ls

 단어 발음/철자 TIP

wheel의 wh는 w와 동일한 소리를 만들고, ee는 장모음 e로 [이-] 소리가 나요. eight의 gh는 묵음, many의 y는 모음으로 발음되는 경우예요.

A 잘 듣고 알맞은 단어를 고른 후, 큰 소리로 여러 번 읽어보세요.

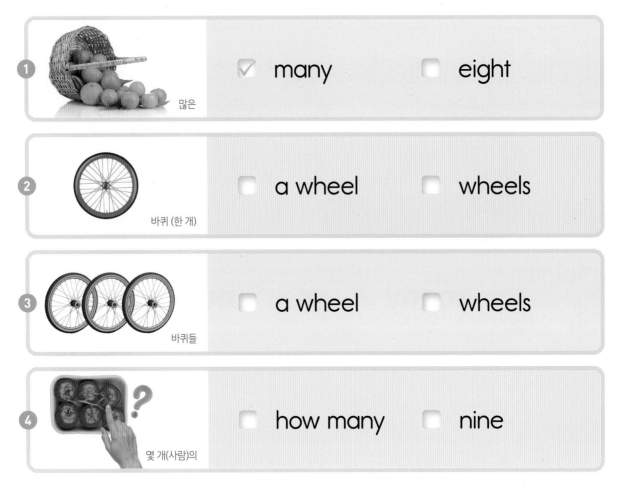

1. 많은 ☑ many ☐ eight

2. 바퀴 (한 개) ☐ a wheel ☐ wheels

3. 바퀴들 ☐ a wheel ☐ wheels

4. 몇 개(사람)의 ☐ how many ☐ nine

B 잘 듣고 빈칸에 단어를 쓰세요. 그리고 의미를 생각하며 읽어보세요.

1. 7 → 바퀴 일곱 개 _____ wheels

2. 8 → 바퀴 여덟 개 _____ wheels

3. 10 → 바퀴 열 개 _____ wheels

A 잘 듣고 문장을 완성하세요.

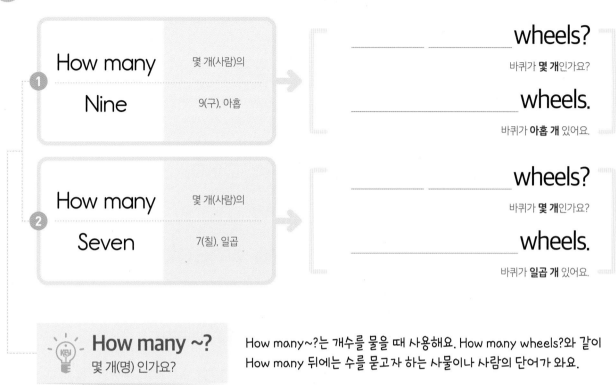

How many	몇 개(사람)의
① Nine	9(구), 아홉

_____ _____ wheels?
바퀴가 **몇 개**인가요?

_____ wheels.
바퀴가 **아홉 개** 있어요.

How many	몇 개(사람)의
② Seven	7(칠), 일곱

_____ _____ wheels?
바퀴가 **몇 개**인가요?

_____ wheels.
바퀴가 **일곱 개** 있어요.

How many ~?
몇 개(명) 인가요?

How many~?는 개수를 물을 때 사용해요. How many wheels?와 같이
How many 뒤에는 수를 묻고자 하는 사물이나 사람의 단어가 와요.

B 잘 듣고 그림에 맞는 단어를 고르세요. 그리고 큰 소리로 읽어보세요.

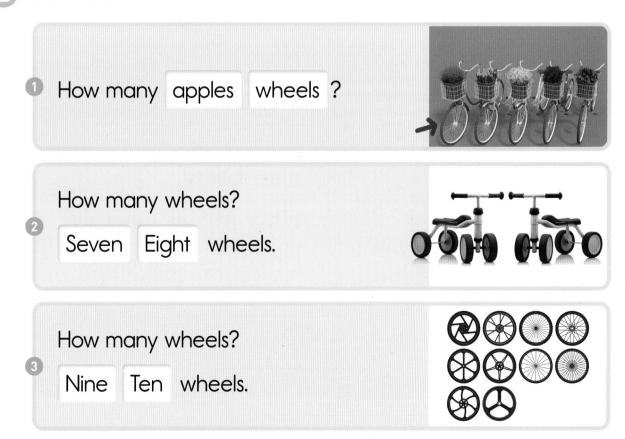

① How many apples wheels ?

② How many wheels?
Seven Eight wheels.

③ How many wheels?
Nine Ten wheels.

I CAN READ!

🎧 앞에서 배운 단어로 만든 짧은 글을 잘 듣고, 읽어보세요.

How Many Wheels?

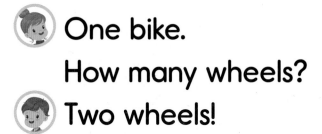

Quiz 1

One bike.
How many wheels?
Two wheels!

Quiz 2

Three bikes.
How many wheels?
Six wheels!

Quiz 3

Four bikes.
How many wheels?
Eight wheels!

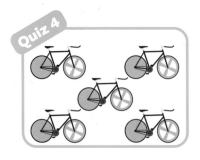

Quiz 4

Five bikes.
How many wheels?
Um… Ten wheels!

★ Um…
(고민할 때) 음…

✓ 본문을 읽고, 읽은 만큼 체크해 보세요. 1 2 3 4 5

1 그림을 보고 알맞은 단어를 골라 동그라미 하세요.

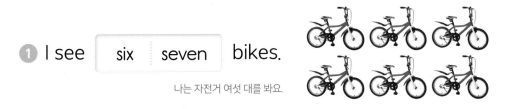

① I see [six | seven] bikes.

나는 자전거 여섯 대를 봐요.

② I see nine [wheel | wheels] .

나는 바퀴 아홉 개를 봐요.

2 본문 내용을 참고해 주어진 문장이 맞으면 O, 틀리면 X를 고르세요.

O   X

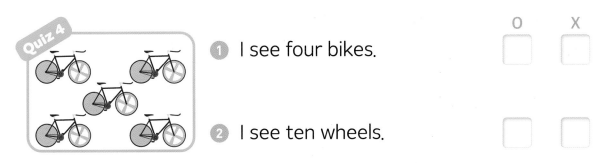

Quiz 4

① I see four bikes. ☐ ☐

② I see ten wheels. ☐ ☐

PRESENTATION

개수 묻고 말하기   1, 2, 3번 그림을 보고, 각 그림에 맞게 대화를 완성해 말해보세요.

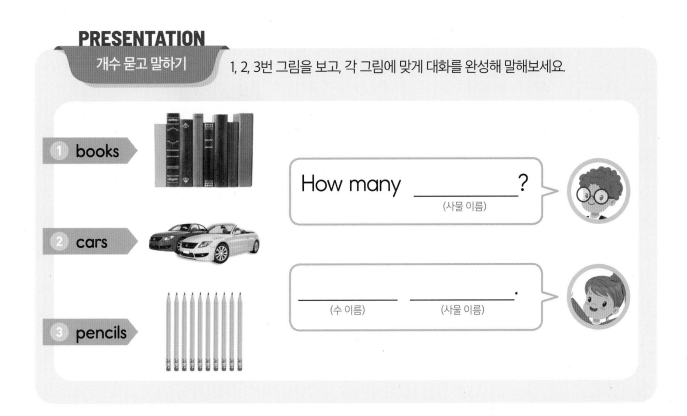

① books

② cars

③ pencils

How many _____?
(사물 이름)

_____ _____.
(수 이름)   (사물 이름)

She Is a Baker

🎧 **Listen & Chant** 각 단어를 잘 듣고 따라 말해 본 후에, 찬트를 해보세요.

QR_UNIT 08

①
he
그, 그 남자

② **she**
그녀, 그 여자

③
sing
노래하다

④
singer
가수

Word List
철자와 의미를 생각하며 써보세요.

❶ h e ❸ s ☐ ☐ ☐ ❺ b ☐ k ☐

❷ sh ☐ ❹ sing ☐ ☐ ❻ bak ☐ ☐

⑤

bake
(음식을) 굽다

⑥

baker
제빵사

⑦

teach
가르치다

⑧

teacher
선생님, 교사

⑦ t ☐ ☐ ch

⑧ teach ☐ ☐

 단어 발음/철자 TIP

he와 she처럼 <자음소리 + 모음>으로 이루어진 단어에서 모음은
장모음으로 소리나요. sing의 ng는 [응]처럼 소리 나는데, ing면
[잉], ang면 [앵], ong면 [옹]과 비슷한 소리를 만들어요.

STEP 2 단어 철자와 의미에 익숙해져요!

A 잘 듣고 알맞은 단어를 고른 후, 큰 소리로 여러 번 읽어보세요.

1. 제빵사 ☐ singer ☑ baker
2. 선생님, 교사 ☐ teacher ☐ bake
3. 가수 ☐ teacher ☐ singer
4. 가르치다 ☐ sing ☐ teach

B 잘 듣고 알맞은 단어를 고르세요. 그리고 의미를 생각하며 읽어보세요.

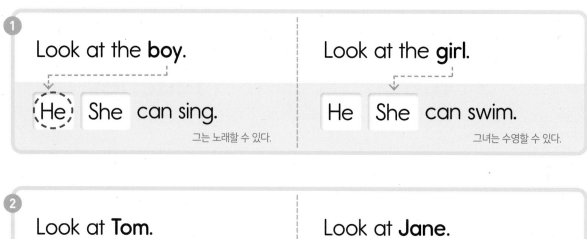

1.
Look at the **boy**.
(He) She can sing.
그는 노래할 수 있다.

Look at the **girl**.
He She can swim.
그녀는 수영할 수 있다.

2.
Look at **Tom**.
He She can bake bread.
그는 빵을 구울 수 있다.

Look at **Jane**.
It She can teach well.
그녀는 잘 가르칠 수 있다.

well은 '잘, 좋게'라는 의미예요.

A 잘 듣고 문장을 완성하세요.

She 그녀

singer 가수

→ _____ is a _____ .

그녀는 **가수**이다.

He 그

teacher 선생님, 교사

→ _____ is a _____ .

그는 **선생님**이다.

He/She is ~
그/그녀는 ~이다

어른인지 아이인지 상관없이 앞서 말한 남성을 다시 말할 때는 he, 여성을 she라고 해요. He / She is ~ 뒤에는 I am ~과 마찬가지로 이름, 직업 또는 신분이 올 수 있어요.

B 잘 듣고 우리말 의미에 맞게 알맞은 단어를 고르세요. 그리고 큰 소리로 읽어보세요.

① 그는 가수이다.

She | He | is a singer.

② 그녀는 제빵사이다.

She is a | teacher | baker | .

③ 그녀는 잘 가르칠 수 있다.

She can | sing | teach | well.

🎧 앞에서 배운 단어로 만든 짧은 글을 잘 듣고, 읽어보세요.

I CAN READ!

She Is a Baker

This is Jane.
She can bake well.
She is a baker.

Jane

This is John.
He can sing well.
He is a singer.

John

This is Ms. Brown.
She can teach well.
She is my teacher!

Ms. Brown

★ **Ms.**
~씨(성인 여자 성 앞에 붙이는 호칭)

✔ 본문을 읽고, 읽은 만큼 체크해 보세요. 1 2 3 4 5

1 그림을 보고 알맞은 단어를 골라 동그라미 하세요.

① He is a [teacher | baker] .

그는 제빵사야.

② She is a [singer | baker] .

그녀는 가수야.

2 본문 내용을 참고해 주어진 문장이 맞으면 O, 틀리면 X를 고르세요.

	O	X
① John can teach well.	☐	☐
② Ms. Brown is a teacher.	☐	☐

PRESENTATION

직업 말하기

각 그림에 알맞은 단어를 활용해 문장을 완성한 뒤 말해보세요.

He / She can _____ well.

He / She is a _____ .

Is He a Doctor?

QR_UNIT 09

🎧 **Listen & Chant** 각 단어를 잘 듣고 따라 말해 본 후에, 찬트를 해보세요.

① doctor
의사

② vet
수의사

③ cook
요리사

*요리하다'라는 뜻으로 사용하는 경우와 구별하세요.

④ waiter
종업원

Word List   철자와 의미를 생각하며 써보세요.

① doct o r   ③ c ☐ ☐ k   ⑤ pil ☐ t

② v ☐ t   ④ wait ☐ ☐   ⑥ firefi ☐ ☐ ter

pilot

조종사, 비행사

firefighter

소방관

dancer

무용수, 댄서

driver

운전기사

⑦ danc ☐ ☐

⑧ driv ☐ ☐

 단어 발음/철자 TIP

doctor의 or과 driver의 er은 소리가 동일해요.
firefighter의 igh는 장모음 i[아이] 소리를 만들어요.

잘 듣고 알맞은 단어를 고른 후, 큰 소리로 여러 번 읽어보세요.

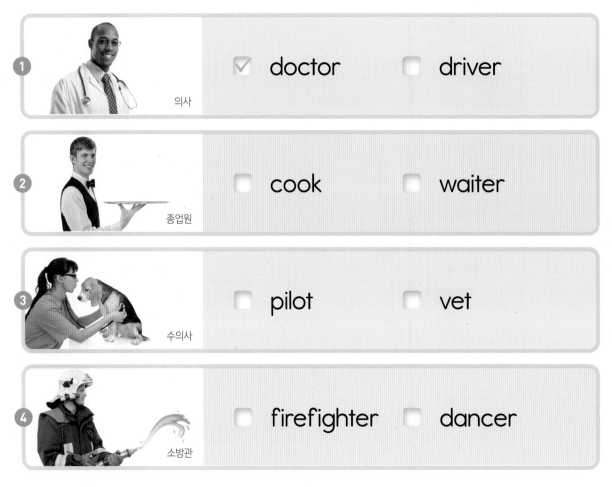

1. 의사 — ☑ doctor / ☐ driver
2. 종업원 — ☐ cook / ☐ waiter
3. 수의사 — ☐ pilot / ☐ vet
4. 소방관 — ☐ firefighter / ☐ dancer

B 잘 듣고 빈칸에 단어를 쓰세요. 그리고 의미를 생각하며 읽어보세요.

1. dancer
무용수, 댄서
→ I am a _____ .
나는 무용수이다.

2. cook
요리사
→ She is a _____ .
그녀는 요리사이다.

3. pilot
조종사, 비행사
→ He is a _____ .
그는 비행사이다.

A 잘 듣고 문장을 완성하세요.

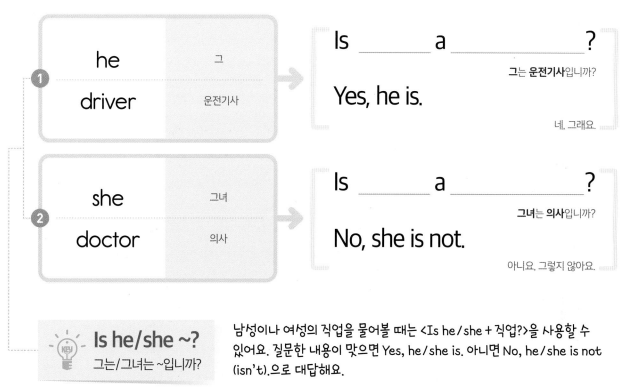

1

he	그
driver	운전기사

Is _____ a _____?

그는 **운전기사**입니까?

Yes, he is.

네, 그래요.

2

she	그녀
doctor	의사

Is _____ a _____?

그녀는 의사입니까?

No, she is not.

아니요, 그렇지 않아요.

Is he/she ~?
그는/그녀는 ~입니까?

남성이나 여성의 직업을 물어볼 때는 <Is he/she + 직업?>을 사용할 수 있어요. 질문한 내용이 맞으면 Yes, he/she is. 아니면 No, he/she is not (isn't).으로 대답해요.

B 잘 듣고 그림에 맞는 단어를 고르세요. 그리고 큰 소리로 읽어보세요.

1
Is he a cook?
No, he is a [vet] [dancer] .

2
Is she a [doctor] [pilot] ?
Yes, she is.

3
Is he a dancer?
No, he is a [cook] [driver] .

 앞에서 배운 단어로 만든 짧은 글을 잘 듣고, 읽어보세요.

Is He a Doctor?

Is he a doctor?

No, he isn't.
He is a pilot.

Is she a cook?

No, she isn't.
She is a vet.

Is he a driver?

No, he isn't.
He is a waiter.

Is she a firefighter?

Yes, she is.
She is a firefighter.

✔ 본문을 읽고, 읽은 만큼 체크해 보세요. 1 2 3 4 5

1 그림을 보고 알맞은 단어를 골라 동그라미 하세요.

1 She is a ┃ doctor ┃ waiter ┃ .

그녀는 의사예요.

2 He is a ┃ dancer ┃ driver ┃ .

그는 운전기사예요.

2 본문 내용을 참고해 주어진 문장이 맞으면 O, 틀리면 X를 고르세요.

	O	X
1 He is a pilot.	☐	☐
2 She is a cook.	☐	☐

PRESENTATION

직업 말하기

길을 따라가서 그림을 보고 <He/She is+직업>을 활용해 문장으로 말해보세요.

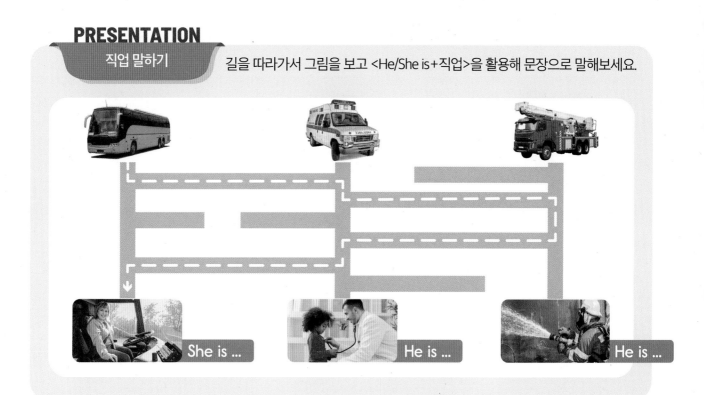

She is ...   He is ...   He is ...

Who Is It?

🎧 **Listen & Chant** 각 단어를 잘 듣고 따라 말해 본 후에, 찬트를 해보세요.

1

farm
농장

2

farmer
농부

3

Moo!

cow
소

4

Cluck!

hen
닭(암탉)

Word List 철자와 의미를 생각하며 써보세요.

❶ f a r m

❷ farm ☐ ☐

❸ c ☐ ☐

❹ h ☐ n

❺ d ☐ ck

❻ sh ☐ ☐ p

⑤ **duck**
오리

⑥ **sheep**
양

⑦ **pig**
돼지

⑧ **horse**
말

⑦ p ☐ g

⑧ h ☐ ☐ se

💡 단어 발음/철자 TIP

cow의 ow, sheep의 ee는 철자 2개가 합쳐져 장모음 소리를 만들어요. 특히 sheep의 ee는 장모음 e[이-] 소리를 내는데, pig의 단모음 i[이] 소리와 구별하세요.

잘 듣고 알맞은 단어를 고른 후, 큰 소리로 여러 번 읽어보세요.

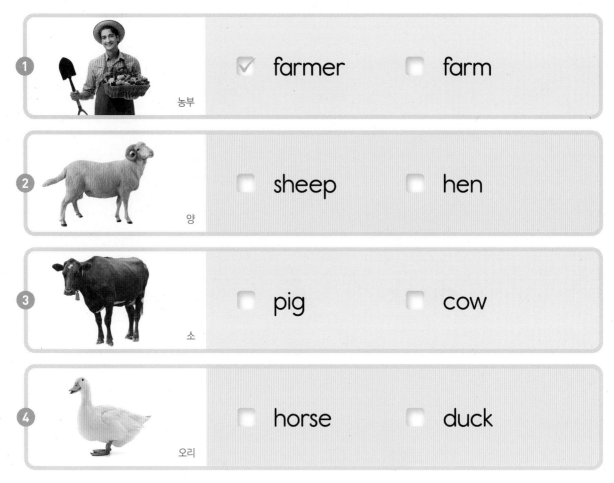

1. 농부 — ☑ farmer ☐ farm
2. 양 — ☐ sheep ☐ hen
3. 소 — ☐ pig ☐ cow
4. 오리 — ☐ horse ☐ duck

B 잘 듣고 빈칸에 단어를 쓰세요. 그리고 의미를 생각하며 읽어보세요.

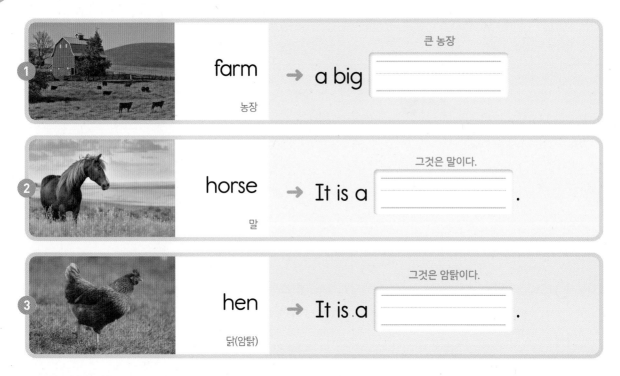

1. farm (농장) → a big ____ (큰 농장)
2. horse (말) → It is a ____ . (그것은 말이다.)
3. hen (닭(암탉)) → It is a ____ . (그것은 암탉이다.)

A 잘 듣고 문장을 완성하세요.

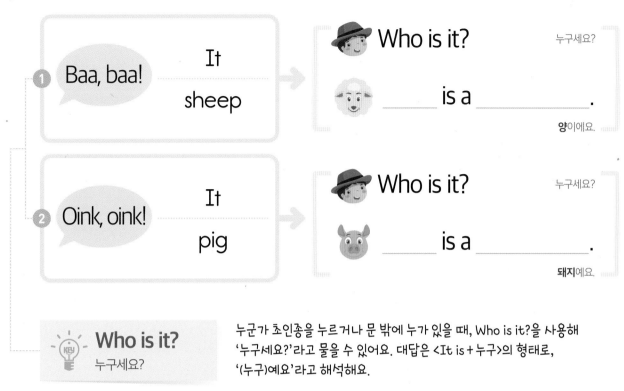

① Baa, baa! It sheep

Who is it? 누구세요?

_____ is a _____. 양이에요.

② Oink, oink! It pig

Who is it? 누구세요?

_____ is a _____. 돼지예요.

Who is it?
누구세요?

누군가 초인종을 누르거나 문 밖에 누가 있을 때, Who is it?을 사용해 '누구세요?'라고 물을 수 있어요. 대답은 <It is + 누구>의 형태로, '(누구)예요'라고 해석해요.

B 잘 듣고 그림에 맞는 단어를 고르세요. 그리고 큰 소리로 읽어보세요.

① I am a [teacher] [farmer].
I have a big farm.

② Who is it?
Moo! It is a [cow] [horse].

③ Who is it?
Quack! It is a [sheep] [duck].

앞에서 배운 단어로 만든 짧은 글을 잘 듣고, 읽어보세요.

Who Is It?

I am a farmer.
I have a big farm.

Who is it?

Come in!

Quack!
It is a duck.

Who is it?

Come in!

Oink!
It is a pig.

Who is it?

Come in!

Baa!
It is a sheep.

★ Come in!
들어와!

✔ 본문을 읽고, 읽은 만큼 체크해 보세요. 1 2 3 4 5

1 그림을 보고 알맞은 단어를 골라 동그라미 하세요.

Who is it?

 1 Cluck! It is a [hen | duck] .

꼬끼오! 닭이에요.

 2 Neigh! It is a [sheep | horse] .

히힝! 말이에요.

 **3** Moo! It is a [pig | cow] .

음매! 소예요.

PRESENTATION

누구세요? 묻고 대답하기   그림을 보고 본문 속 대화를 완성해 말해보세요.

1 Baa!   **2** Oink!   **3** Quack!

 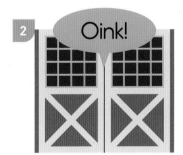 

 Who is it?   Who is it?   Who is it?

 _____ .   _____ .   _____ .

⭐ **Listen & Circle** 잘 듣고 알맞은 단어에 동그라미 하세요.

1 | train | teach
2 | seven | sheep
3 | bike | bake
4 | doctor | dancer

⭐ **Look & Write** 그림을 보고 올바른 철자를 따라가 단어를 쓰세요.

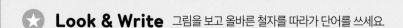
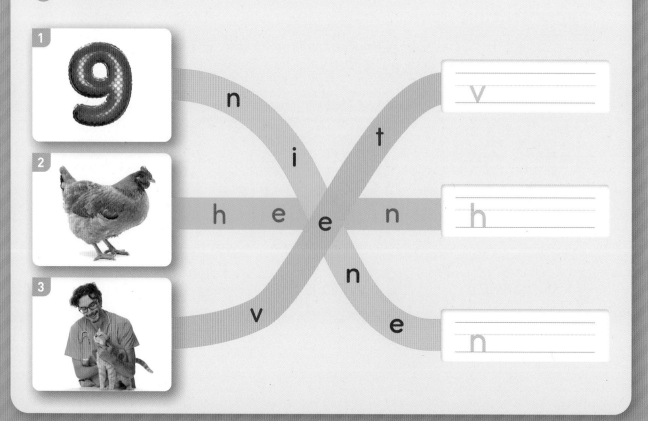

1 9 n i h e t → v
2 h e e n → h
3 v n e → n

★ Read & Find 문장을 소리 내어 읽고, 알맞은 그림의 알파벳을 쓰세요.

1 She is my teacher. ☐

2 He can sing well. ☐

3 How many wheels? ☐

4 I go to school by bus. ☐

★ Read & Write 문장을 소리 내어 읽고, 우리말 뜻을 완성하세요.

1 I see **four** bikes.

나는 자전거 _____ 대를 본다.

2 I **walk** to playground.

나는 놀이터에 _____ 간다.

3 **Who** is it?

_____ 세요?

4 She is my **teacher**.

그녀는 나의 _____ 이다.

START!

가위 바위 보를 해서
이긴 사람부터 시작해요.
퀴즈를 맞히면
별상자에 별을 그리세요.

1 ☆

둘 중 더 좋아하는 탈것의 이름을
영어로 말하세요.

2 ☆☆☆

아래 질문을 읽은 뒤
그림에 맞게 영어로 답하세요.

Who is it?

15 ☆

'나는 놀이터에 걸어서 가요.'를
아래 단어를 참고해 말하세요.

 walk

 I

 to the playground.

Review Game

Units 6~10

14 ☆☆

그림을 보고 질문에 알맞은
대답을 영어로 말하세요.

Is he a pilot?

13 ☆☆

그림 속 자전거가 몇 대, 바퀴가
몇 개 있나요? 영어로 말하세요.

12 ☆

I have a big
_____.

'나는 큰 농장을
가지고 있어.'
빈칸을 채워
농부의 말을
완성하세요.

11

풍덩!
한 번 쉬어요.

3

풍당!
한 번 쉬어요.

4 ☆☆

그림을 보고 빈칸을 채워 문장을
말하세요.

_____ is a _____.

5 ☆☆ / ☆

'**바퀴가 몇 개인가요?**'라고 영어로
물어보세요.

맞히면 별 2개를 그리고
틀리면 별 1개를 지우고
뒤로 3칸 가요.

6 ☆

그림 속 **동물의 이름**을 영어로
말하고 울음소리를 따라하세요.

Neigh!

<게임 방법>

• 가위 바위 보를 해서 🖐 와 ✊ 로 이기면 1칸, ✌ 로
  이기면 2칸을 가요.
• 도착한 칸의 퀴즈를 맞히면 칸에 있는 수만큼 별을 그려요.
• 한 명이 먼저 한 바퀴를 다 돌면 게임 끝! 누가 더 많은 별을
  그렸는지 세어보세요.

7 ☆☆☆

'**나는 자전거를 타고 학교에 가요.**'를
영어로 말하세요.

10 ☆☆☆

신난다!
선물로 별 3개를 그려요.
dancer가 되어 춤춰봐요!

9 ☆

똑똑, 누군가 문을 두드려요.
'**누구세요?**'라고 영어로 말하세요.

맞히면 별 1개를 그리고
앞으로 3칸 가요.

8 ☆

아래 문장을 참고해
남자의 직업을 영어로 말하세요.

He can bake bread.

UNIT 11 It Is Sunny

🎧 **Listen & Chant** 각 단어를 잘 듣고 따라 말해 본 후에, 찬트를 해보세요.

QR_UNIT 11

① **sun**
해, 태양

② **sunny**
화창한

③ **cloud**
구름

④ **cloudy**
흐린, 구름 낀

Word List   철자와 의미를 생각하며 써보세요.

❶ s ⬚u⬚ n   ❸ cl ⬚ ⬚ d   ❺ r ⬚ ⬚ n

❷ sunn ⬚   ❹ cloud ⬚   ❻ rain ⬚ ⬚ ⬚

⑤ **rain**
비

⑥ **raining**
비가 오는

⑦ **snow**
눈

⑧ **snowing**
눈이 오는

❼ sn

❽ snowi ☐ ☐

💡 단어 발음/철자 TIP

y는 자음 소리를 만드는 경우와 모음 소리를 만드는 경우가 있어요.
특히 모음 y가 1음절 단어의 마지막에 오면 장모음 i로, 2음절 이상
단어의 마지막에 오면 장모음 e로 발음돼요.

Ⓐ 잘 듣고 알맞은 단어를 고른 후, 큰 소리로 여러 번 읽어보세요.

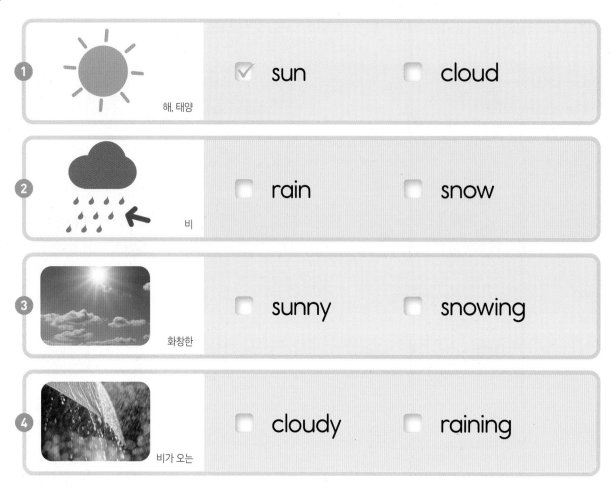

1 해, 태양 ☑ sun ☐ cloud

2 비 ☐ rain ☐ snow

3 화창한 ☐ sunny ☐ snowing

4 비가 오는 ☐ cloudy ☐ raining

Ⓑ 잘 듣고 빈칸에 단어를 쓰세요. 그리고 의미를 생각하며 읽어보세요.

1 sunny
화창한
화창해요.
→ It is _____.
날씨를 말할 때는 It is ~를 사용하고, 이때 It은 해석하지 않아요.

2 cloudy
흐린, 구름 낀
흐려요.
→ It is _____.

3 snowing
눈이 오는
눈이 와요.
→ It is _____.

A 잘 듣고 문장을 완성하세요.

1 | see | 보다 |
| clouds | 구름들 |

→ I can _____ _____.

나는 **구름들**을 **볼** 수 있어요.

2 | see | 보다 |
| rain | 비 |

→ I can _____ _____.

나는 **비**를 **볼** 수 있어요.

KEY clouds / rain
구름들 / 비

cloud(구름)는 셀 수 있는 단어로 a cloud(구름 하나)나 clouds(구름들)로 사용할 수 있어요. 하지만 rain(비), snow(눈)는 셀 수 없는 단어예요.

B 잘 듣고 우리말 의미에 맞게 알맞은 단어를 고르세요. 그리고 큰 소리로 읽어보세요.

1 나는 눈을 볼 수 있어요.

I can see | rain | snow |.

2 나는 해를 볼 수 있어요.

I can see | clouds | the sun |.

sun은 항상 the와 함께 써요.

3 비가 와요.

It is | raining | snowing |.

I CAN READ!

🎧 앞에서 배운 단어로 만든 짧은 글을 잘 듣고, 읽어보세요.

It Is Sunny

Look!
I can see the sun.
It is sunny.

Look!
I can see clouds.
It is cloudy.

Look!
I can see rain.
It is raining.

Look!
I can see snow.
It is snowing.

✓ 본문을 읽고, 읽은 만큼 체크해 보세요. 1 2 3 4 5

1 그림을 보고 알맞은 단어를 골라 동그라미 하세요.

① I can see [snow | clouds] .

나는 구름들을 볼 수 있어요.

② It is [raining | sunny] .

비가 와요.

2 본문 내용을 참고해 주어진 문장이 맞으면 O, 틀리면 X를 고르세요.

	O	X
① I can see rain. It is sunny.	☐	☐
② I can see snow. It is snowing.	☐	☐

PRESENTATION

날씨 말하기

날씨 표를 보고, 주어진 문장을 완성해 요일 별 날씨를 가리키며 말해보세요.

Monday (월요일)	Tuesday (화요일)	Wednesday (수요일)	Thursday (목요일)	Friday (금요일)	Saturday (토요일)	Sunday (일요일)

It is _____ .

Leaves on the Tree

🎧 **Listen & Chant** 각 단어를 잘 듣고 따라 말해 본 후에, 찬트를 해보세요.

QR_UNIT 12

1 spring
봄

2 summer
여름

3 fall
가을

4 winter
겨울

Word List 철자와 의미를 생각하며 써보세요.

❶ spr [i] [n] [g]　　❸ f [ ] [ ] [ ]　　❺ a l [ ] [ ] f

❷ s [ ] mm [ ] [ ]　　❹ w [ ] nt [ ] [ ]　　❻ lea [ ] es

⑤ **a leaf**
나뭇잎 (한 개)

⑥ **leaves**★
나뭇잎들

⑦ **grow**
자라다

⑧ **change**
변하다, 바꾸다

★ 나뭇잎(a leaf)이 하나보다 많을 때 leaves가 돼요. f나 fe로 끝나는 단어는 끝의 f(e)를 ves로 바꿔요.

⑦ gr ☐ ☐

⑧ ch ☐ ng ☐

 단어 발음/철자 TIP

spring의 ing과 fall의 all 발음은 세 개의 철자를 한 묶음으로 기억하는 것이 좋아요.

A 잘 듣고 알맞은 단어를 고른 후, 큰 소리로 여러 번 읽어보세요.

1. 자라다 　☑ grow 　☐ fall
2. 나뭇잎 (한 개) 　☐ a leaf 　☐ leaves
3. 봄 　☐ spring 　☐ fall
4. 겨울 　☐ summer 　☐ winter

B 잘 듣고 빈칸에 단어를 쓰세요. 그리고 의미를 생각하며 읽어보세요.

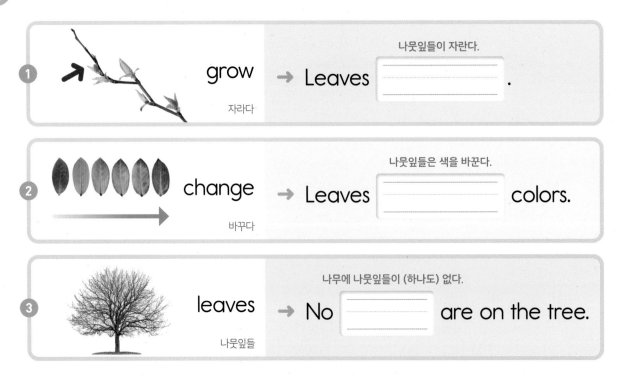

1. grow 자라다　→ 나뭇잎들이 자란다.　Leaves _____.
2. change 바꾸다　→ 나뭇잎들은 색을 바꾼다.　Leaves _____ colors.
3. leaves 나뭇잎들　→ 나무에 나뭇잎들이 (하나도) 없다.　No _____ are on the tree.

A 잘 듣고 문장을 완성하세요.

It
spring

_____ is _____ .
봄이에요.

It
winter

_____ is _____ .
겨울이에요.

It is spring.
봄이에요.

날씨를 말할 때 사용하는 It은 계절을 말할 때도 It is spring. 처럼 사용할 수 있어요. 이때 It은 해석하지 않아요.

B 잘 듣고 그림에 맞는 문장을 고르세요. 그리고 큰 소리로 읽어보세요.

1.
☐ It is summer.
☐ It is winter.

2.
☐ It is spring.
☐ It is fall.

3.
☐ Leaves are green.
☐ Leaves are red and yellow.

 앞에서 배운 단어로 만든 짧은 글을 잘 듣고, 읽어보세요.

Leaves on the Tree

It is spring.
Leaves grow.

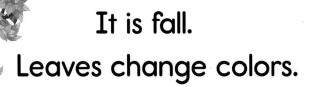

It is summer.
Leaves are green.

It is fall.
Leaves change colors.

It is winter.
Look at the tree!
No leaves are on the tree.

 본문을 읽고, 읽은 만큼 체크해 보세요. 1 2 3 4 5

1 그림을 보고 알맞은 단어를 골라 동그라미 하세요.

1 It is [winter | fall] .

가을이에요.

2 Leaves [grow | change colors] .

나뭇잎들은 자라요.

2 본문 내용을 참고해 주어진 문장이 맞으면 O, 틀리면 X를 고르세요.

	O	X
1 It is spring. Leaves change colors.	☐	☐
2 It is summer. Leaves are green.	☐	☐

PRESENTATION

계절에 따른 나무의 변화   본문 내용을 참고해 계절에 맞게 나무를 그린 후에, 나뭇잎이 어떻게 변하는지 말해보세요.

| spring | summer | fall | winter |

Here Is My Coat

QR_UNIT 13

🎧 **Listen & Chant** 각 단어를 잘 듣고 따라 말해 본 후에, 찬트를 해보세요.

1 **coat**
코트

2 **scarf**
목도리

3 **gloves**★
장갑(들)

4 **hat**
모자

Word List 철자와 의미를 생각하며 써보세요.

❶ c ⬜o ⬜a t   ❸ gl ⬜ ⬜v s   ❺ r ⬜ ⬜ ncoat

❷ sc ⬜ ⬜ f   ❹ h ⬜ t   ❻ rainb ⬜ ⬜ ts

⑤ **raincoat**

비옷

⑥ **rainboots***

장화(들)

⑦ **umbrella**

우산

★ 장갑이나 장화는 2개가 한 쌍이므로, 단어 뒤에 -s를 붙여 각각 gloves, rainboots로 기억하면 좋아요.

⑦  m b r  l l

💡 단어 발음/철자 TIP

장모음 소리가 있는 단어와 단모음 소리가 있는 단어의 발음을 구별해 보세요. umbrella는 한 단어에 모음이 3개이고, 모두 단모음이에요.

A 잘 듣고 알맞은 단어를 고른 후, 큰 소리로 여러 번 읽어보세요.

1. 장화(들) ☑ rainboots ☐ raincoat
2. 모자 ☐ scarf ☐ hat
3. 코트 ☐ coat ☐ raincoat
4. 장갑(들) ☐ umbrella ☐ gloves

B 단어를 따라 쓰고, 알맞은 우리말 뜻을 골라 빈칸에 쓰세요.

| 보기 | 비옷 | 목도리 | 장갑(들) | 모자 | 우산 |

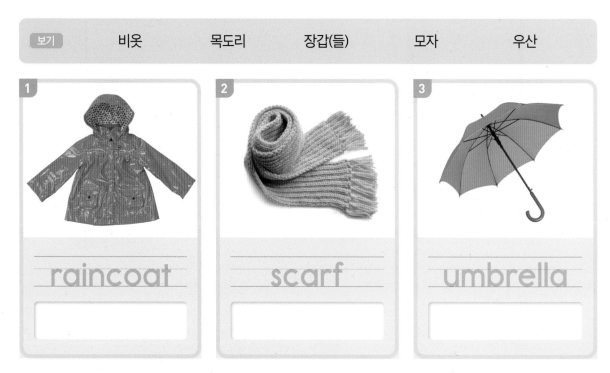

1. raincoat
2. scarf
3. umbrella

A 잘 듣고 문장을 완성하세요.

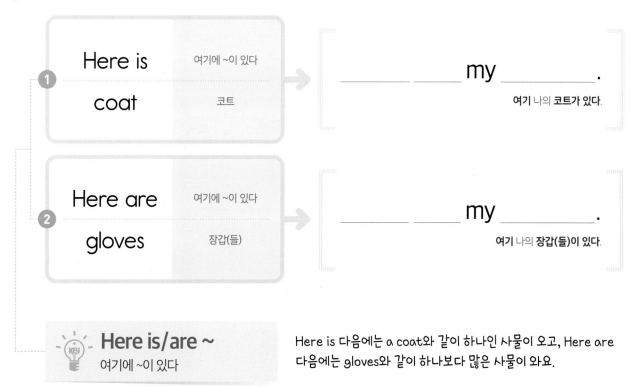

Here is | 여기에 ~이 있다
coat | 코트

→ _____ _____ my _____.
여기 나의 **코트**가 있다.

Here are | 여기에 ~이 있다
gloves | 장갑(들)

→ _____ _____ my _____.
여기 나의 **장갑(들)**이 있다.

Here is/are ~
여기에 ~이 있다

Here is 다음에는 a coat와 같이 하나인 사물이 오고, Here are 다음에는 gloves와 같이 하나보다 많은 사물이 와요.

B 잘 듣고 그림에 맞는 문장을 고르세요. 그리고 큰 소리로 읽어보세요.

☐ Here is my scarf.
☐ Here is my umbrella.

☐ Here are my gloves.
☐ Here are my rainboots.

☐ I can play in the rain.
☐ I can play in the snow.

in the rain은 '빗속에서', in the snow는 '눈 (속)에서'라는 뜻이에요.

I CAN READ!

🎧 앞에서 배운 단어로 만든 짧은 글을 잘 듣고, 읽어보세요.

Here Is My Coat

It is snowing.
Here is my coat.
Here is my scarf.
Here are my gloves.
I can play in the snow.

It is raining.
Here is my umbrella.
Here is my raincoat.
Here are my rainboots.
I can play in the rain.

✔ 본문을 읽고, 읽은 만큼 체크해 보세요.

1 그림을 보고 알맞은 단어를 골라 동그라미 하세요.

① Here is my [umbrella | hat] .

여기 내 우산이 있어요.

② Here are my [rainboots | gloves] .

여기 내 장갑(들)이 있어요.

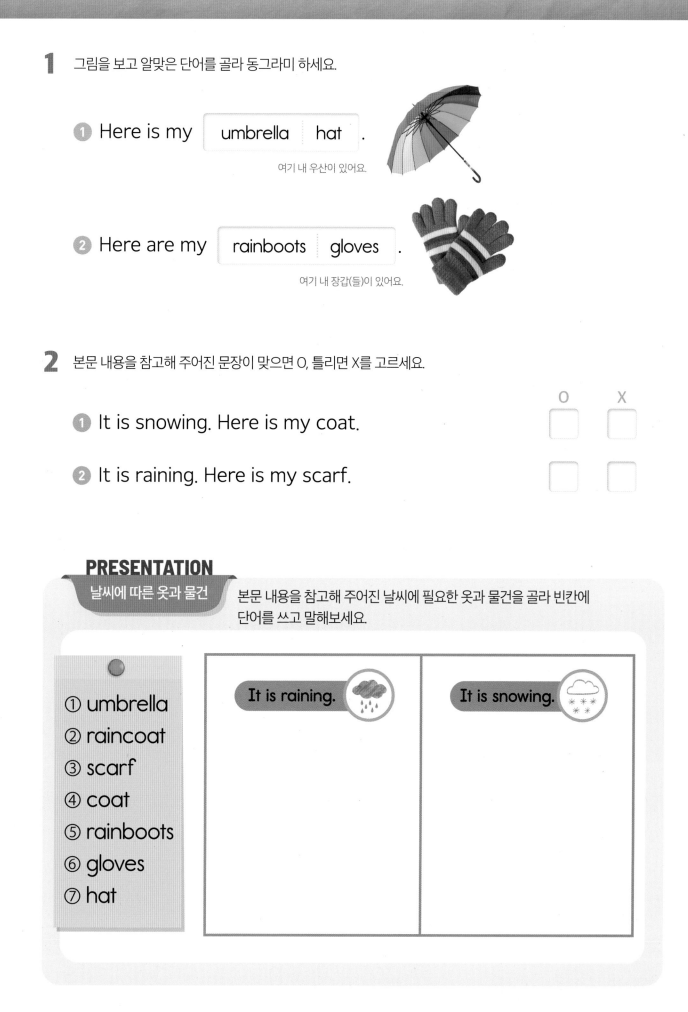

2 본문 내용을 참고해 주어진 문장이 맞으면 O, 틀리면 X를 고르세요.

O X

① It is snowing. Here is my coat. ☐ ☐

② It is raining. Here is my scarf. ☐ ☐

PRESENTATION

날씨에 따른 옷과 물건

본문 내용을 참고해 주어진 날씨에 필요한 옷과 물건을 골라 빈칸에 단어를 쓰고 말해보세요.

① umbrella
② raincoat
③ scarf
④ coat
⑤ rainboots
⑥ gloves
⑦ hat

It is raining.

It is snowing.

Who Is Wearing a Crown?

🎧 **Listen & Chant** 각 단어를 잘 듣고 따라 말해 본 후에, 찬트를 해보세요.

king
왕

cape
망토

queen
여왕

crown
왕관

Word List   철자와 의미를 생각하며 써보세요.

① k i n g   ③ qu ☐ ☐ n   ⑤ pr ☐ nce

② c ☐ p ☐   ④ cr ☐ ☐ n   ⑥ p ☐ nts

⑤ **prince**
왕자

⑥ **pants**
바지

⑦ **princess**
공주

⑧ **dress**
드레스

⑦ prince ☐ ☐

⑧ dr ☐ ss

💡 단어 발음/철자 TIP

queen의 ee는 장모음 e의 [이-] 소리를 만들고, q로 시작하는
단어는 대부분 q 뒤에 u가 와요.
prince의 ce와 princess의 ss는 같은 소리가 나요.

A 잘 듣고 알맞은 단어를 고른 후, 큰 소리로 여러 번 읽어보세요.

1 여왕 ☑ queen ☐ king

2 드레스 ☐ pants ☐ dress

3 망토 ☐ crown ☐ cape

4 왕자 ☐ prince ☐ princess

B 단어를 따라 쓰고, 알맞은 우리말 뜻을 골라 빈칸에 쓰세요.

| 보기 | 바지 | 공주 | 드레스 | 망토 | 왕관 |

1 princess

2 crown

3 pants

잘 듣고 문장을 완성하세요.

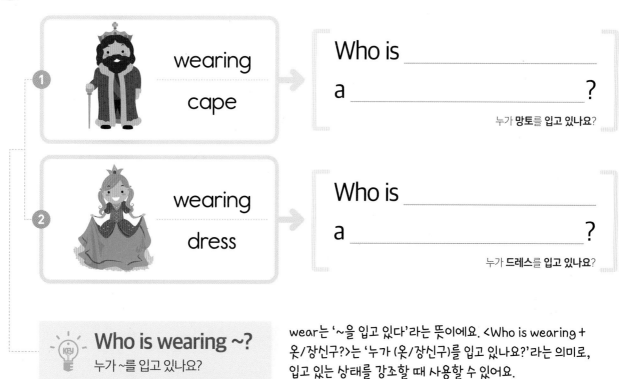

wearing
cape

Who is _____
a _____ ?

누가 **망토**를 **입고 있나요?**

wearing
dress

Who is _____
a _____ ?

누가 **드레스**를 **입고 있나요?**

Who is wearing ~?
누가 ~를 입고 있나요?

wear는 '~을 입고 있다'라는 뜻이에요. <Who is wearing + 옷/장신구?>는 '누가 (옷/장신구)를 입고 있나요?'라는 의미로, 입고 있는 상태를 강조할 때 사용할 수 있어요.

B 잘 듣고 그림에 맞는 단어를 고르세요. 그리고 큰 소리로 읽어보세요.

1 Who is wearing a dress?
   | Princess | | King | !

2 Who is wearing | pants | | a crown | ?
   Queen!

3 Who is wearing pants?
   The | prince | | queen | is wearing pants.

I CAN READ!

🎧 앞에서 배운 단어로 만든 짧은 글을 잘 듣고, 읽어보세요.

Who Is Wearing a Crown?

Who is wearing a crown?
The queen is
wearing a crown.

Who is wearing pants?
The prince is
wearing pants.

Who is wearing a cape?
The king is
wearing a cape.

Who is wearing a dress?
The princess is
wearing a dress.

✔ 본문을 읽고, 읽은 만큼 체크해 보세요.   1 2 3 4 5

1 그림을 보고 알맞은 단어를 골라 동그라미 하세요.

① The | princess | king | is wearing a cape.

왕이 망토를 입고 있어요.

② The prince is wearing | a dress | pants | .

왕자가 바지를 입고 있어요.

2 본문 내용을 참고해 주어진 문장이 맞으면 O, 틀리면 X를 고르세요.

O   X

① The princess is wearing a cape.

② The queen is wearing a crown.

PRESENTATION

캐릭터 그리기

주어진 단어를 참고해 나만의 캐릭터를 그리고, 캐릭터가 어떤 옷을 입고 있는지 말해보세요.

crown
pants
scarf
cape
coat
gloves
dress
hat

🎧 **Listen & Chant** 각 단어를 잘 듣고 따라 말해 본 후에, 찬트를 해보세요.

1 **moon**
달

2 **sky**
하늘

3 **star**
별

4 **bright**
밝은, 빛나는

Word List 철자와 의미를 생각하며 써보세요.

① m o o n   ③ st ⬜ ⬜   ⑤ ⬜ ⬜ l

② sk ⬜   ④ br ⬜ ⬜ t   ⑥ b ⬜ t

⑤ **owl**
부엉이

⑥ **bat**
박쥐

⑦ **night**
밤

⑦ n ☐ ☐ ☐ t

 단어 발음/철자 TIP

bright와 night의 igh는 철자 3개가 합쳐져 장모음 i[아이]라는 하나의 소리를 만들어요. igh에서 i만 소리가 나기 때문에, gh는 소리가 안 나는 '묵음'으로 이해해도 좋아요.

A 잘 듣고 알맞은 단어를 고른 후, 큰 소리로 여러 번 읽어보세요.

1. 박쥐 ☐ owl ☑ bat
2. 부엉이 ☐ night ☐ owl
3. 달 ☐ bat ☐ moon
4. 별 ☐ star ☐ sky

B 잘 듣고 빈칸에 알맞은 단어를 골라 쓰세요. 그리고 의미를 생각하며 읽어보세요.

1. 하늘
   sky → 하늘에
   in the ____

2. 밤
   night → 밤이다.
   It is ____ .

3. 밝은, 빛나는
   bright → 별들이 밝다.
   The stars are ____ .

A 잘 듣고 문장을 완성하세요.

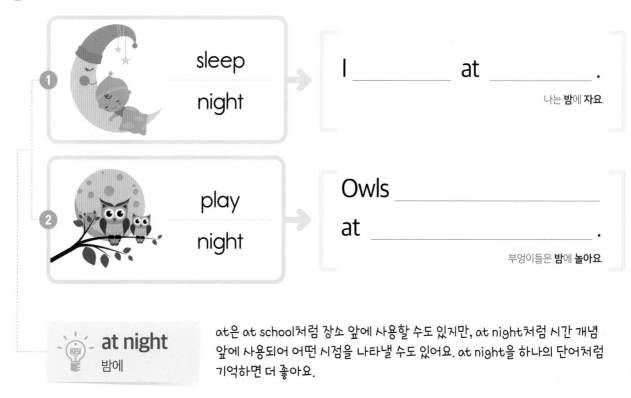

1. sleep night

I _____ at _____ .

나는 **밤에 자요**.

2. play night

Owls _____ at _____ .

부엉이들은 **밤에 놀아요**.

💡 **at night**
밤에

at은 at school처럼 장소 앞에 사용할 수도 있지만, at night처럼 시간 개념 앞에 사용되어 어떤 시점을 나타낼 수도 있어요. at night을 하나의 단어처럼 기억하면 더 좋아요.

B 잘 듣고 우리말 의미에 맞게 알맞은 단어를 고르세요. 그리고 큰 소리로 읽어보세요.

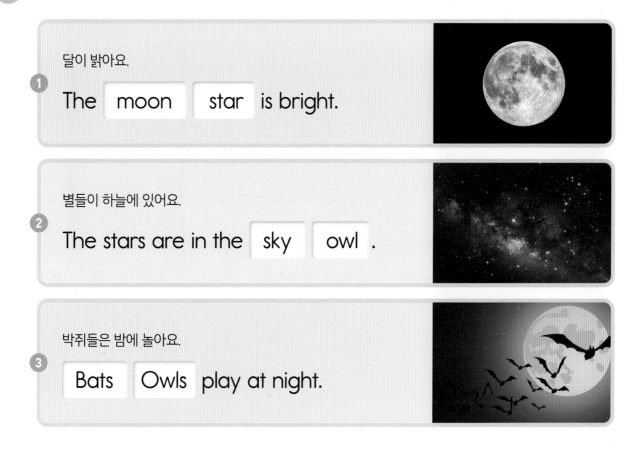

1. 달이 밝아요.

The [moon] [star] is bright.

2. 별들이 하늘에 있어요.

The stars are in the [sky] [owl] .

3. 박쥐들은 밤에 놀아요.

[Bats] [Owls] play at night.

 앞에서 배운 단어로 만든 짧은 글을 잘 듣고, 읽어보세요

At Night

The moon is in the sky.
It is bright.

It is night.
I sleep at night.
My dogs sleep at night, too.

The stars are in the sky.
They are bright.

It is night.
Owls play at night.
Bats play at night, too.

 ✔ 본문을 읽고, 읽은 만큼 체크해 보세요   1 2 3 4 5

1 그림을 보고 알맞은 단어를 골라 동그라미 하세요.

① I sleep at | night | sky | .

나는 밤에 자요.

② The | moon | owl | is in the sky.

달이 하늘에 있어요.

2 본문 내용을 참고해 주어진 문장이 맞으면 O, 틀리면 X를 고르세요.

	O	X

① Bats sleep at night. ☐ ☐

② The stars are bright in the sky. ☐ ☐

PRESENTATION

낮과 밤

단어를 보고 그림을 그린 뒤 단어를 따라 쓰세요.
제시된 단어를 참고해 낮과 밤에 하늘에서 볼 수 있는 것을 말해 보세요.

sun

moon

cloud

star

Review Test

Units 11~15

★ Listen & Find 각 번호에 해당하는 단어를 잘 듣고 알맞은 그림의 알파벳을 쓰세요.

★ Look & Write 그림을 보고 올바른 철자를 따라가 단어를 쓰세요.

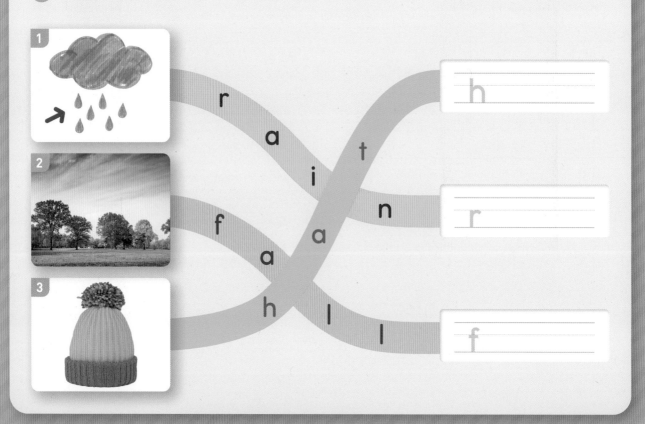

★ Read & Match 문장을 소리 내어 읽고, 알맞은 그림을 찾아 연결하세요.

1. Here are my **gloves**. •

2. It is **winter**. •

3. He is wearing **pants**. •

4. **Bats** play at night. •

a
b
c
d

★ Read & Write 문장을 소리 내어 읽고, 우리말 뜻을 완성하세요.

1. It is **raining**.

　　　　　가 온다.

2. The princess is wearing a **dress**.

공주는 　　　　　를 입고 있다.

3. Leaves **change** colors.

나뭇잎들은 색을 　　　　　.

4. I can see **snow**.

나는 　　　　　을 볼 수 있다.

START!

가위 바위 보를 해서
이긴 사람부터 시작해요.
퀴즈를 맞히면
별상자에 별을 그리세요.

1 ⭐⭐

그림을 보고 비가 올 때 필요한 것을
모두 골라 영어로 말하세요.

2 ⭐

나무를 보고 계절의
이름을 영어로 말하세요.

15 ⭐⭐⭐ / ⭐⭐

'여기 내 목도리가 있어.'라고
영어로 말하세요. 맞히면
별 3개를 그리고
틀리면 별 2개를
지운 뒤
뒤로
3칸 가요.

Units 11~15

14 ⭐

그림 속 구름을 세어봐요.
'구름 세 개'라고 영어로 말하세요.

13 ⭐⭐⭐

짜잔! 달님이 선물을 줬어요.
Thank you, Moon! 을 외치고
별을 3개 그려요.

12 ⭐

'누가 바지를 입고 있을까?'라고
아래의 단어를 참고해 말하세요.

is wearing

pants?   Who

11

퐁당!
한 번 쉬어요.

3

퐁당!
한 번 쉬어요.

4 ☆

그림을 보고 질문에 영어로 답하세요.

Who is wearing a cape?

맞히면 별을 1개 그리고,
앞으로 3칸 가요.

5 ☆☆

그림을 보고 문장을 읽어보세요.

The stars are in the sky.

6 ☆☆☆

'**흐려요.**'라고 그림 속 날씨를
영어로 말하세요.

7 ☆☆

봄이예요.
'**나뭇잎들은 자라요.**'를
영어로 말하세요.

<게임 방법>

- 가위 바위 보를 해서 ✊ 와 🖐 로 이기면 **1칸**, ✌ 로
  이기면 **2칸**을 가요.
- 도착한 칸의 퀴즈를 맞히면 칸에 있는 수만큼 별을 그려요.
- 한 명이 먼저 한 바퀴를 다 돌면 게임 끝! 누가 더 많은 별을
  그렸는지 세어보세요.

10 ☆

손이 시릴 때 무엇이 필요한
가요? 그림 속 물건의 이름을
영어로 말하세요.

9 ☆

부엉이들은 '**밤에**' 놀아요.
빈칸을 완성해 읽어보세요.

at n___ ___ ___t

8 ☆

여왕님이 머리에
쓰고 있는 것의
이름을
영어로 말하세요.

단어테스트 가 시작해요!

여기서부터

단어테스트 가 시작해요! ➔ ➔ ➔

초등 영단어, 단어가 읽기다 Starter 2

UNIT 02

	단어	뜻 쓰기
1	school	
2	friend	
3	read	
4	book	
5	count	
6	number	
7	draw	
8	picture	

초등 영단어, 단어가 읽기다 Starter 2

UNIT 01

	단어	뜻 쓰기
1	play	
2	playground	
3	go up	
4	go down	
5	slide	
6	seesaw	
7	swing	

초등 영단어, 단어가 읽기다 Starter 2

UNIT 04

	단어	뜻 쓰기
1	bird	
2	frog	
3	butterfly	
4	ladybug	
5	garden	
6	flower	
7	tree	

초등 영단어, 단어가 읽기다 Starter 2

UNIT 03

	단어	뜻 쓰기
1	bedroom	
2	sleep	
3	bathroom	
4	wash	
5	living room	
6	watch	
7	kitchen	
8	cook	

UNIT 01

단어 쓰기	뜻
1	놀다
2	놀이터
3	(위로) 올라가다
4	(아래로) 내려가다
5	미끄럼틀
6	시소
7	그네

UNIT 02

단어 쓰기	뜻
1	학교
2	친구
3	읽다
4	책
5	세다
6	숫자
7	그리다
8	그림

UNIT 03

단어 쓰기	뜻
1	침실
2	(잠을) 자다
3	화장실
4	씻다
5	거실
6	보다
7	부엌
8	요리하다

UNIT 04

단어 쓰기	뜻
1	새
2	개구리
3	나비
4	무당벌레
5	정원
6	꽃
7	나무

UNIT 06

단어	뜻 쓰기
1 walk	
2 go	
3 bike	
4 car	
5 bus	
6 train	
7 plane	
8 helicopter	

UNIT 05

단어	뜻 쓰기
1 swim	
2 water	
3 dig	
4 sand	
5 make	
6 sandcastle	
7 surf	
8 wave	

UNIT 08

단어	뜻 쓰기
1 he	
2 she	
3 sing	
4 singer	
5 bake	
6 baker	
7 teach	
8 teacher	

UNIT 07

단어	뜻 쓰기
1 seven	
2 eight	
3 nine	
4 ten	
5 many	
6 how many	
7 a wheel	
8 wheels	

UNIT 05

단어 쓰기	뜻
1	수영하다
2	물
3	파다
4	모래
5	만들다
6	모래성
7	파도타기를 하다
8	파도, 물결

UNIT 06

단어 쓰기	뜻
1	걷다
2	가다
3	자전거
4	자동차
5	버스
6	기차
7	비행기
8	헬리콥터

UNIT 07

단어 쓰기	뜻
1	7(칠), 일곱
2	8(팔), 여덟
3	9(구), 아홉
4	10(십), 열
5	많은
6	몇 개(사람)의
7	바퀴 (한 개)
8	바퀴들

UNIT 08

단어 쓰기	뜻
1	그, 그 남자
2	그녀, 그 여자
3	노래하다
4	가수
5	(음식을) 굽다
6	제빵사
7	가르치다
8	선생님, 교사

UNIT 10

단어	뜻 쓰기
1 farm	
2 farmer	
3 cow	
4 hen	
5 duck	
6 sheep	
7 pig	
8 horse	

UNIT 09

단어	뜻 쓰기
1 doctor	
2 vet	
3 cook	
4 waiter	
5 pilot	
6 firefighter	
7 dancer	
8 driver	

UNIT 12

단어	뜻 쓰기
1 spring	
2 summer	
3 fall	
4 winter	
5 a leaf	
6 leaves	
7 grow	
8 change	

UNIT 11

단어	뜻 쓰기
1 sun	
2 sunny	
3 cloud	
4 cloudy	
5 rain	
6 raining	
7 snow	
8 snowing	

UNIT 09

단어 쓰기	뜻
1	의사
2	수의사
3	요리사
4	종업원
5	조종사, 비행사
6	소방관
7	무용수, 댄서
8	운전기사

UNIT 10

단어 쓰기	뜻
1	농장
2	농부
3	소
4	닭(암탉)
5	오리
6	양
7	돼지
8	말

UNIT 11

단어 쓰기	뜻
1	해, 태양
2	화창한
3	구름
4	흐린, 구름 낀
5	비
6	비가 오는
7	눈
8	눈이 오는

UNIT 12

단어 쓰기	뜻
1	봄
2	여름
3	가을
4	겨울
5	나뭇잎 (한 개)
6	나뭇잎들
7	자라다
8	변하다, 바꾸다

UNIT 14

단어	뜻 쓰기
1 king	
2 cape	
3 queen	
4 crown	
5 prince	
6 pants	
7 princess	
8 dress	

UNIT 13

단어	뜻 쓰기
1 coat	
2 scarf	
3 gloves	
4 hat	
5 raincoat	
6 rainboots	
7 umbrella	

UNIT 15

단어	뜻 쓰기
1 moon	
2 sky	
3 star	
4 bright	
5 owl	
6 bat	
7 night	

UNIT 13

단어 쓰기	뜻
1	코트
2	목도리
3	장갑(들)
4	모자
5	비옷
6	장화(들)
7	우산

UNIT 14

단어 쓰기	뜻
1	왕
2	망토
3	여왕
4	왕관
5	왕자
6	바지
7	공주
8	드레스

UNIT 15

단어 쓰기	뜻
1	달
2	하늘
3	별
4	밝은, 빛나는
5	부엉이
6	박쥐
7	밤

단어가 읽기다

Starter

Workbook + Answers

2

스타터

초등 영단어, 파닉스-단어-리딩 **연결고리를 단단하게!**

WORDs for READING

단어가
읽기다
Starter ②

Workbook + Answers

Ⓐ 단어의 의미와 철자를 생각하며, 큰 소리로 읽으면서 써보세요.

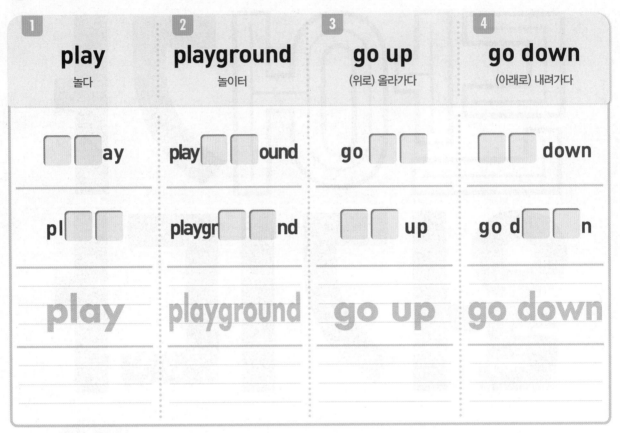

1	2	3	4
play 놀다	**playground** 놀이터	**go up** (위로) 올라가다	**go down** (아래로) 내려가다
☐☐ay	play☐☐ound	go ☐☐	☐☐ down
pl☐☐	playgr☐☐nd	☐☐ up	go d☐☐n
play	playground	go up	go down

e가 두 개 있을 땐 장모음 e/이-/ 소리가 나요.

5	6	7
slide 미끄럼틀	**seesaw** 시소	**swing** 그네
sl☐d☐	☐ee☐aw	sw☐☐☐
☐☐ide	s☐☐s☐☐	☐☐ing
slide	seesaw	swing

Go down!

B 본책에서 배운 내용을 복습하고, 문장을 완성해 써보세요.

play on the slide

'미끄럼틀을 타고 놀다'라는 뜻.
〈on + (놀이)기구〉로 '~을 타고'라고 말할 수 있어요.

| We | play | on the swings. |

우리는 그네들을 타고 놀아요.

1

play 놀다

seesaw 시소

채워쓰기 ▶ We | play | on the | seesaw |.

다시쓰기 ▶ We play on the seesaw.

2

play 놀다

slide 미끄럼틀

채워쓰기 ▶ We | | on the | |.

다시쓰기 ▶

C 본책에서 배운 내용을 복습하고, 주어진 단어를 활용해 문장을 써보세요.

1

together, Jane, I, play, and →

문장쓰기 ▶

우리말쓰기 ▶

2

go, and, go, up, down, We →

문장쓰기 ▶

우리말쓰기 ▶

3

the playground, on, We, play →

문장쓰기 ▶

우리말쓰기 ▶

A 단어의 의미와 철자를 생각하며, 큰 소리로 읽으면서 써보세요.

1 school 학교

sch[ ][ ]l

s[ ][ ]ool

school

2 friend 친구

[ ][ ]iend

fr[ ][ ]nd

friend

3 read 읽다

r[ ][ ]d

[ ]ea[ ]

read

4 book 책

b[ ][ ]k

[ ]oo[ ]

book

5 count 세다

c[ ][ ]nt

cou[ ][ ]

count

6 number 숫자

n[ ]mber

numb[ ][ ]

number

7 draw 그리다

dr[ ][ ]

[ ][ ]aw

draw

8 picture 그림

p[ ]cture

pict[ ][ ][ ]

picture

4

B 본책에서 배운 내용을 복습하고, 문장을 완성해 써보세요.

> **at school** '학교에서' 라는 뜻. ⟨at + 장소⟩로 '~에(서)'의 뜻을 나타낼 수 있어요.
>
> | At school, | I | color | pictures. | 학교에서 나는 그림들을 색칠한다.

1

read 읽다
books 책들

채워쓰기 ▶ At school, I | read | books | .

다시쓰기 ▶ At school, I read books.

2

count 세다
numbers 숫자들

채워쓰기 ▶ At school, I | | | .

다시쓰기 ▶

3

draw 그리다
pictures 그림들

채워쓰기 ▶ At school, I | | | .

다시쓰기 ▶

4

play 놀다
friends 친구들

채워쓰기 ▶ At school, I | | with my | | .

다시쓰기 ▶

5

At school 학교에서
sing 노래하다

채워쓰기 ▶ | | , I | | and dance.

다시쓰기 ▶

A 단어의 의미와 철자를 생각하며, 큰 소리로 읽으면서 써보세요.

1	2	3	4
bedroom	**sleep**	**bathroom**	**wash**
침실	(잠을) 자다	화장실	씻다

bedr☐☐m　sl☐☐p　ba☐☐room　wa☐☐

☐e☐room　☐☐eep　bathr☐☐m　☐☐sh

bedroom　sleep　bathroom　wash

5	6	7	8
living room	**watch**	**kitchen**	**cook**
거실	보다	부엌	요리하다

living r☐☐m　wat☐☐　kit☐☐en　c☐☐k

livi☐☐room　☐a☐ch　kitch☐☐　☐oo☐

living room　watch　kitchen　cook

B 본책에서 배운 내용을 복습하고, 문장을 완성해 써보세요.

> **in the bedroom** '침실에서'라는 뜻. in은 장소 앞에서 '~에서'라는 의미로 사용해요.
>
> | I | sleep | in the bedroom. | 나는 침실에서 자요.

1 **wash** 씻다
bathroom 화장실

채워쓰기 ▶ I | wash | **in the** | bathroom | .

다시쓰기 ▶ I wash in the bathroom.

2 **cook** 요리하다
kitchen 부엌

채워쓰기 ▶ I | | **in the** | | .

다시쓰기 ▶

3 **watch** 보다
living room 거실

채워쓰기 ▶ I | | **TV in the** | | .

다시쓰기 ▶

C 본책에서 배운 내용을 복습하고, 주어진 단어를 활용해 문장을 써보세요.

1
**a living room,
is, This**

→ 문장쓰기

우리말쓰기

2
**is, a kitchen,
This**

→ 문장쓰기

우리말쓰기

A 단어의 의미와 철자를 생각하며, 큰 소리로 읽으면서 써보세요.

1	2	3	4
bird	**frog**	**butterfly**	**ladybug**
새	개구리	나비	무당벌레

b☐☐d   fr☐g   butt☐☐fly   ladyb☐g

☐ir☐   ☐☐og   bu☐☐erfly   l☐d☐bug

bird   frog   butterfly   ladybug

5	6	7
garden	**flower**	**tree**
정원	꽃	나무

g☐rden   flow☐☐   tr☐☐

gard☐☐   fl☐☐er   ☐☐ee

garden   flower   tree

I see a flower!

B 본책에서 배운 내용을 복습하고, 문장을 완성해 써보세요.

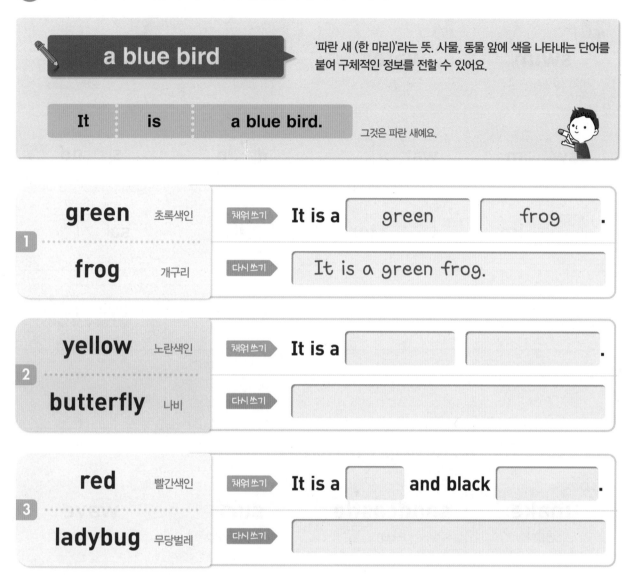

a blue bird

'파란 새 (한 마리)'라는 뜻. 사물, 동물 앞에 색을 나타내는 단어를 붙여 구체적인 정보를 전할 수 있어요.

| It | is | a blue bird. |

그것은 파란 새예요.

green 초록색인
1
frog 개구리

채워 쓰기 ▶ It is a [green] [frog] .

다시 쓰기 ▶ It is a green frog.

yellow 노란색인
2
butterfly 나비

채워 쓰기 ▶ It is a [ ] [ ] .

다시 쓰기 ▶ [ ]

red 빨간색인
3
ladybug 무당벌레

채워 쓰기 ▶ It is a [ ] and black [ ] .

다시 쓰기 ▶ [ ]

C 본책에서 배운 내용을 복습하고, 주어진 단어를 활용해 문장을 써보세요.

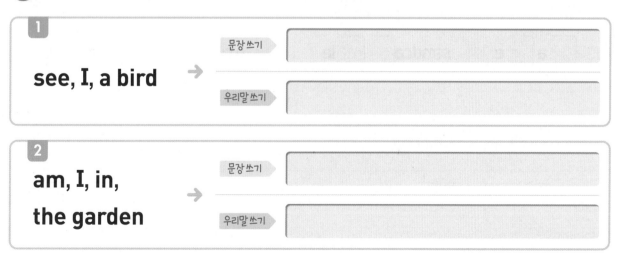

1

see, I, a bird →

문장 쓰기 [ ]

우리말 쓰기 [ ]

2

am, I, in, the garden →

문장 쓰기 [ ]

우리말 쓰기 [ ]

A 단어의 의미와 철자를 생각하며, 큰 소리로 읽으면서 써보세요.

1 **swim** 수영하다	2 **water** 물	3 **dig** 파다	4 **sand** 모래
sw☐m	wat☐☐	d☐g	s☐nd
☐☐im	☐☐ter	☐i☐	sa☐☐
swim	water	dig	sand

castle의 t는 묵음으로 소리가 나지 않아요.

5 **make** 만들다	6 **sandcastle** 모래성	7 **surf** 파도타기를 하다	8 **wave** 파도, 물결
m☐k☐	s☐ndc☐stle	s☐☐f	w☐v☐
☐a☐e	sandca☐☐le	☐ur☐	☐a☐e
make	sandcastle	surf	wave

B 본책에서 배운 내용을 복습하고, 문장을 완성해 써보세요.

I am making ~

'나는 ~을 만들고 있다'라는 뜻. 〈am/are/is + 동작단어ing〉는
어떤 것을 하고 있는 상태를 강조할 때 써요.

I	am	making	a sandcastle.

나는 모래성을 만들고 있어요.

---

1 playing 놓고 있는

sand 모래

채워 쓰기 ▶ My sister is [playing] in the [sand].

다시 쓰기 ▶ My sister is playing in the sand.

---

2 digging 파고 있는

sand 모래

채워 쓰기 ▶ My dog is [　　　] in the [　　　].

다시 쓰기 ▶

---

3 surfing 서핑하고 있는

wave 파도, 물결

채워 쓰기 ▶ My dad is [　　　] in the [　　　]s.

다시 쓰기 ▶

---

4 swimming 수영하고 있는

water 물

채워 쓰기 ▶ My brother is [　　　] in the [　　　].

다시 쓰기 ▶

---

5 making 만들고 있는

pizza 피자

채워 쓰기 ▶ I am [　　　] a [　　　].

다시 쓰기 ▶

A 단어의 의미와 철자를 생각하며, 큰 소리로 읽으면서 써보세요.

1 **walk** 걷다	2 **go** 가다	3 **bike** 자전거	4 **car** 자동차
wa◻◻	g◻	b◻k◻	c◻◻
◻◻lk	◻o	◻i◻e	◻ar
walk	go	bike	car

5 **bus** 버스	6 **train** 기차	7 **plane** 비행기	8 **helicopter** 헬리콥터
b◻s	tr◻◻n	pl◻n◻	helicopt◻◻
◻u◻	◻◻ain	◻◻ane	h◻l◻copter
bus	train	plane	helicopter

B 본책에서 배운 내용을 복습하고, 문장을 완성해 써보세요.

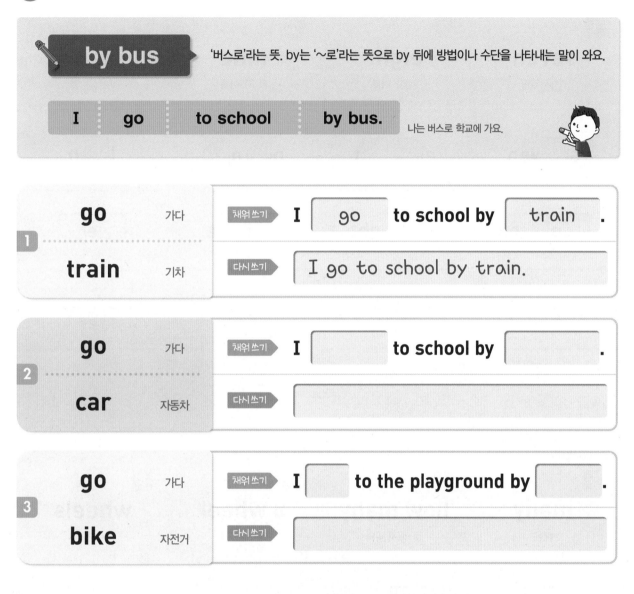

by bus   '버스로'라는 뜻. by는 '~로'라는 뜻으로 by 뒤에 방법이나 수단을 나타내는 말이 와요.

I   go   to school   by bus.   나는 버스로 학교에 가요.

1
go 가다
train 기차

채워 쓰기 ▶ I [go] to school by [train] .

다시 쓰기 ▶ I go to school by train.

2
go 가다
car 자동차

채워 쓰기 ▶ I [ ] to school by [ ] .

다시 쓰기 ▶ [ ]

3
go 가다
bike 자전거

채워 쓰기 ▶ I [ ] to the playground by [ ] .

다시 쓰기 ▶ [ ]

C 본책에서 배운 내용을 복습하고, 주어진 단어를 활용해 문장을 써보세요.

1
is, a car, This, →

문장 쓰기 ▶ [ ]

우리말 쓰기 ▶ [ ]

2
walk, I,
to the playground →

문장 쓰기 ▶ [ ]

우리말 쓰기 ▶ [ ]

A 단어의 의미와 철자를 생각하며, 큰 소리로 읽으면서 써보세요.

1 **seven** 7(칠), 일곱	2 **eight** 8(팔), 여덟	3 **nine** 9(구), 아홉	4 **ten** 10(십), 열
s⬜ven	ei⬜⬜t	n⬜n⬜	t⬜n
⬜e⬜en	⬜⬜ght	⬜i⬜e	⬜e⬜
seven	eight	nine	ten

5 **many** 많은	6 **how many** 몇 개(사람)의	7 **a wheel** 바퀴 (한 개)	8 **wheels** 바퀴들
m⬜n⬜	h⬜⬜ many	a ⬜⬜eel	wh⬜⬜ls
⬜a⬜y	how m⬜n⬜	a wh⬜⬜l	⬜⬜eels
many	how many	a wheel	wheels

Unit 7에서 학습한 단어들로 **대상의 수를 묻고 답할** 수 있어요.
단어의 의미, 소리, 철자와 함께 문장에서 어떻게 활용할 수 있는지 생각하며 학습하세요.

B 본책에서 배운 내용을 복습하고, 주어진 단어를 활용해 질문과 대답을 완성하세요.

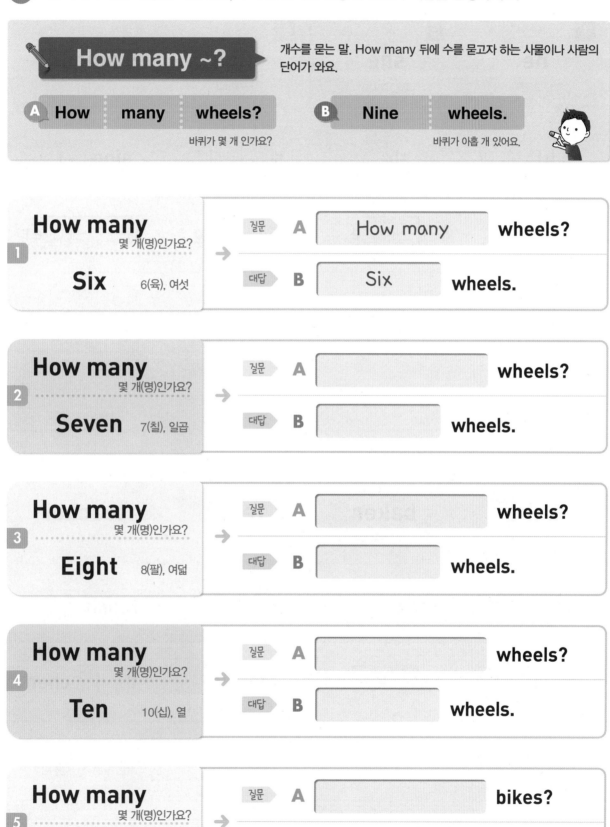

How many ~?   개수를 묻는 말. How many 뒤에 수를 묻고자 하는 사물이나 사람의 단어가 와요.

A How many wheels?   **B** Nine wheels.
바퀴가 몇 개 인가요?   바퀴가 아홉 개 있어요.

How many 몇 개(명)인가요?
1 **Six** 6(육), 여섯
→ 질문 A How many wheels?
대답 B Six wheels.

How many 몇 개(명)인가요?
2 **Seven** 7(칠), 일곱
→ 질문 A wheels?
대답 B wheels.

How many 몇 개(명)인가요?
3 **Eight** 8(팔), 여덟
→ 질문 A wheels?
대답 B wheels.

How many 몇 개(명)인가요?
4 **Ten** 10(십), 열
→ 질문 A wheels?
대답 B wheels.

How many 몇 개(명)인가요?
5 **bike** 자전거
→ 질문 A bikes?
대답 B Two s.

A 단어의 의미와 철자를 생각하며, 큰 소리로 읽으면서 써보세요.

1 **he** 그, 그 남자	2 **she** 그녀, 그 여자	3 **sing** 노래하다	4 **singer** 가수
h☐	sh☐	s☐☐☐	sing☐☐
☐e	☐☐e	☐☐ng	s☐☐☐er
he	she	sing	singer

5 **bake** (음식을) 굽다	6 **baker** 제빵사	7 **teach** 가르치다	8 **teacher** 선생님, 교사
b☐k☐	bak☐☐	t☐☐ch	teach☐☐
☐a☐e	b☐k☐r	tea☐☐	t☐☐cher
bake	baker	teach	teacher

Unit 8에서는 **남녀를 가리키는 단어와 직업을 말하는 방법**을 배워요.
단어의 의미, 소리, 철자와 함께 문장에서 어떻게 활용할 수 있는지 생각하며 학습하세요.

B 본책에서 배운 내용을 복습하고, 문장을 완성해 써보세요.

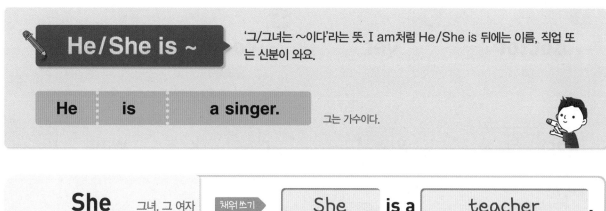

He/She is ~ '그/그녀는 ~이다'라는 뜻. I am처럼 He/She is 뒤에는 이름, 직업 또는 신분이 와요.

He | is | a singer. 그는 가수이다.

She 그녀, 그 여자
teacher 선생님, 교사
1
채워 쓰기 ▶ She **is a** teacher .
다시 쓰기 ▶ She is a teacher.

He 그, 그 남자
baker 제빵사
2
채워 쓰기 ▶ ___ **is a** ___ .
다시 쓰기 ▶

She 그녀, 그 여자
mom 엄마
3
채워 쓰기 ▶ ___ **is my** ___ .
다시 쓰기 ▶

C 본책에서 배운 내용을 복습하고, 주어진 단어를 활용해 문장을 써보세요.

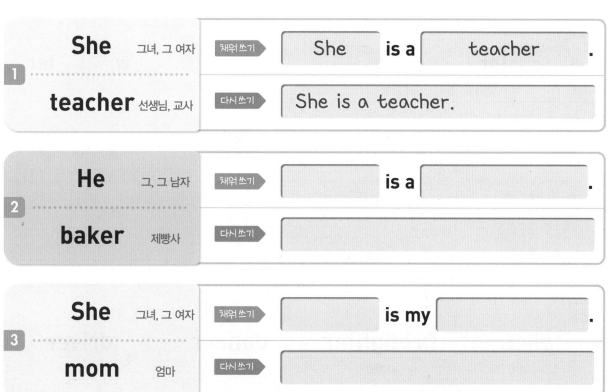

1
is, John, This →
문장 쓰기 ▶
우리말 쓰기 ▶

2
can, well, sing, He →
문장 쓰기 ▶
우리말 쓰기 ▶

A 단어의 의미와 철자를 생각하며, 큰 소리로 읽으면서 써보세요.

1	2	3	4
doctor 의사	**vet** 수의사	**cook** 요리사	**waiter** 종업원

doct☐☐   v☐t   c☐☐k   wait☐☐

d☐☐tor   ☐e☐   ☐oo☐   w☐☐ter

doctor   vet   cook   waiter

5	6	7	8
pilot 조종사, 비행사	**firefighter** 소방관	**dancer** 무용수, 댄서	**driver** 운전기사

pil☐t   firefi☐☐ter   danc☐☐   driv☐☐

p☐lo☐   f☐r☐fighter   d☐☐cer   ☐☐iver

pilot   firefighter   dancer   driver

B 본책에서 배운 내용을 복습하고, 문장을 완성해 써보세요.

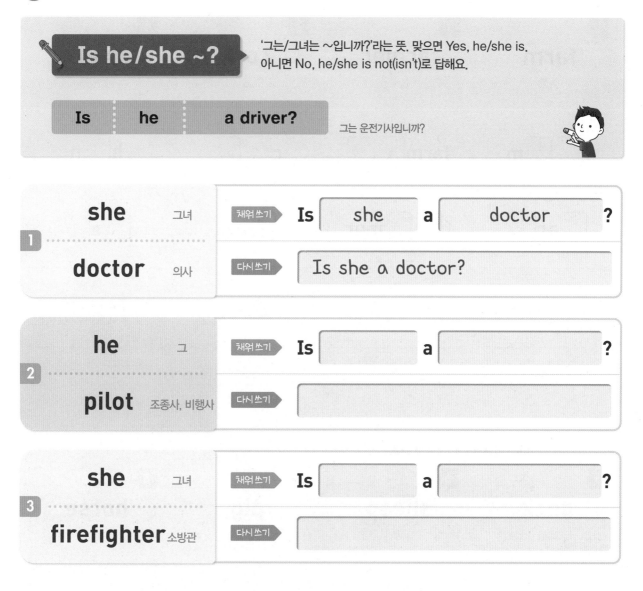

Is he/she ~?

'그는/그녀는 ~입니까?'라는 뜻. 맞으면 Yes, he/she is.
아니면 No, he/she is not(isn't)로 답해요.

| Is | he | a driver? |

그는 운전기사입니까?

1
she 그녀
doctor 의사

채워쓰기 ▶ Is [she] a [doctor] ?

다시쓰기 ▶ Is she a doctor?

2
he 그
pilot 조종사, 비행사

채워쓰기 ▶ Is [   ] a [   ] ?

다시쓰기 ▶ [   ]

3
she 그녀
firefighter 소방관

채워쓰기 ▶ Is [   ] a [   ] ?

다시쓰기 ▶ [   ]

C 본책에서 배운 내용을 복습하고, 주어진 단어를 활용해 질문에 답하세요.

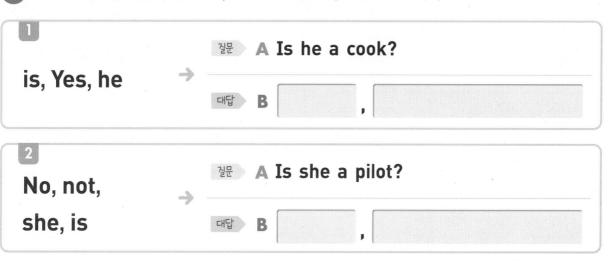

1
is, Yes, he →

질문 A **Is he a cook?**

대답 B [   ] , [   ]

2
No, not,
she, is →

질문 A **Is she a pilot?**

대답 B [   ] , [   ]

A 단어의 의미와 철자를 생각하며, 큰 소리로 읽으면서 써보세요.

1	2	3	4
farm 농장	**farmer** 농부	**cow** 소	**hen** 닭(암탉)
f ☐☐ m	farm ☐☐	c ☐☐	h ☐ n
☐ ar ☐	f ☐☐ mer	☐ ow	☐ e ☐
farm	farmer	cow	hen

ck는 합쳐서 / ㅋ / 소리가 나요.

5	6	7	8
duck 오리	**sheep** 양	**pig** 돼지	**horse** 말
d ☐ ck	sh ☐☐ p	p ☐ g	h ☐☐ se
du ☐☐	☐☐ eep	☐ i ☐	☐ or ☐ e
duck	sheep	pig	horse

B 본책에서 배운 내용을 복습하고, 주어진 단어를 활용해 질문과 대답을 완성하세요.

Who is it?

'누구세요?'라는 뜻. 〈It is + 이름〉을 사용해 '(누구)예요'라고 답할 수 있어요.

A Who is it?
누구세요?

B It is a pig.
돼지예요.

Who is it?의 대답에서는 해석하지 않아요.

it
sheep 양

1

질문 **A** Who is [it] ?

대답 **B** It is a [sheep] .

it
duck 오리

2

질문 **A** Who is [   ] ?

대답 **B** It is a [   ] .

C 본책에서 배운 내용을 복습하고, 주어진 단어를 활용해 문장을 써보세요.

1

am, I, a farmer →

문장쓰기

우리말쓰기

2

a big farm, have, I →

문장쓰기

우리말쓰기

3

it, Who, is →

문장쓰기   ?

우리말쓰기

A 단어의 의미와 철자를 생각하며, 큰 소리로 읽으면서 써보세요.

1	2	3	4
sun 해, 태양	**sunny** 화창한	**cloud** 구름	**cloudy** 흐린, 구름 낀
s☐n	sunn☐	cl☐☐d	cloud☐
☐u☐	su☐☐y	☐☐oud	cl☐☐dy
sun	sunny	cloud	cloudy

5	6	7	8
rain 비	**raining** 비가 오는	**snow** 눈	**snowing** 눈이 오는
r☐☐n	rain☐☐☐	sn☐☐	snowi☐☐
☐ai☐	r☐☐ning	☐☐ow	sn☐☐ing
rain	raining	snow	snowing

B 본책에서 배운 내용을 복습하고, 문장을 완성해 써보세요.

> ✏️ **clouds / rain**
>
> 구름은 셀 수 있는 단어, 눈과 비는 셀 수 없는 단어예요.
> 셀 수 있는 단어만 a cloud(구름 하나), clouds(구름들)와 같이 써요.
>
> | I | can | see | clouds. |
>
> 나는 구름들을 볼 수 있어요.

1

see 보다
rain 비

채워쓰기 ▶ I can [see] [rain] .

다시쓰기 ▶ I can see rain.

2

see 보다
a cloud 구름 하나

채워쓰기 ▶ I can [   ] [   ] .

다시쓰기 ▶ [   ]

3

see 보다
snow 눈

채워쓰기 ▶ I can [   ] [   ] .

다시쓰기 ▶ [   ]

C 본책에서 배운 내용을 복습하고, 주어진 단어를 활용해 문장을 써보세요.

1

is, It, sunny →

문장쓰기 [   ]

우리말쓰기 [   ]

2

raining, is, It →

문장쓰기 [   ]

우리말쓰기 [   ]

A 단어의 의미와 철자를 생각하며, 큰 소리로 읽으면서 써보세요.

mm은 m과 동일하게 발음해요.

1	2	3	4
spring	**summer**	**fall**	**winter**
봄	여름	가을	겨울

spr◻◻◻	s◻mm◻◻	f◻◻◻	w◻nt◻◻
◻◻ring	su◻◻er	◻◻ll	◻in◻er
spring	summer	fall	winter

5	6	7	8
a leaf	**leaves**	**grow**	**change**
나뭇잎 (한 개)	나뭇잎들	자라다	변하다, 바꾸다

a l◻◻f	lea◻es	gr◻◻	ch◻ng◻
a ◻ea◻	l◻◻ves	◻◻ow	◻◻ange
a leaf	leaves	grow	change

B 본책에서 배운 내용을 복습하고, 문장을 완성해 써보세요.

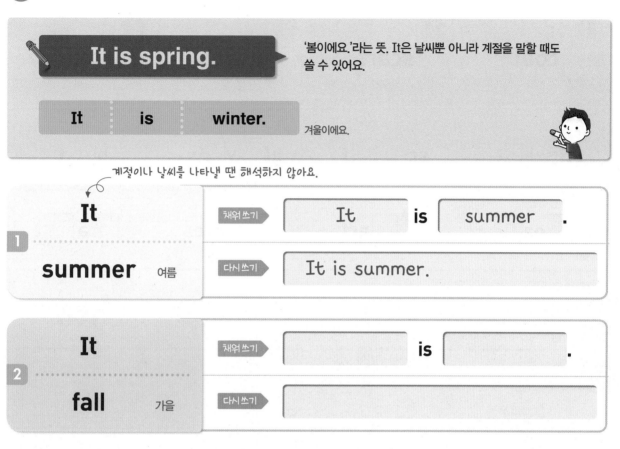

It is spring.

'봄이에요.'라는 뜻. It은 날씨뿐 아니라 계절을 말할 때도 쓸 수 있어요.

| It | is | winter. |

겨울이에요.

계절이나 날씨를 나타낼 땐 해석하지 않아요.

1

It

summer 여름

채워 쓰기 ▶ It is summer .

다시 쓰기 ▶ It is summer.

2

It

fall 가을

채워 쓰기 ▶ is .

다시 쓰기 ▶

C 본책에서 배운 내용을 복습하고, 주어진 단어를 활용해 문장을 써보세요.

1

green, Leaves, are

문장 쓰기 →

우리말 쓰기

2

colors, change, Leaves

문장 쓰기 →

우리말 쓰기

3

at, Look, the tree

문장 쓰기 → !

우리말 쓰기

A 단어의 의미와 철자를 생각하며, 큰 소리로 읽으면서 써보세요.

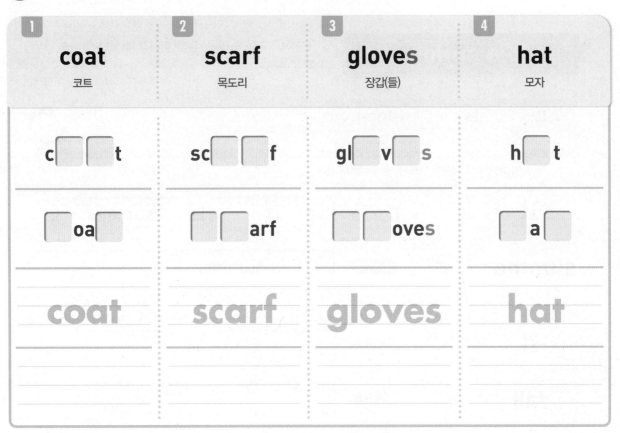

1	2	3	4
coat 코트	**scarf** 목도리	**gloves** 장갑(들)	**hat** 모자
c☐☐t	sc☐☐f	gl☐v☐s	h☐t
☐oa☐	☐☐arf	☐☐oves	☐a☐
coat	scarf	gloves	hat

oo는 길게 /우-/라고 발음해요.

5	6	7
raincoat 비옷	**rainboots** 장화(들)	**umbrella** 우산
r☐☐ncoat	rainb☐☐ts	☐mbr☐ll☐
☐ai☐coat	rainboo☐☐	umbre☐☐a
raincoat	rainboots	umbrella

My raincoat and rainboots!

B 본책에서 배운 내용을 복습하고, 문장을 완성해 써보세요.

Here is(are) ~
'여기에 ～이 있다'는 뜻. Here is 뒤에는 하나인 사물이, Here are 뒤에는
하나보다 많은 사물이 와요.

Here	is	my coat.

여기 나의 코트가 있다.

Hear	are	my gloves.

여기 나의 장갑(들)이 있다.

1

is 있다

scarf 목도리

채워 쓰기 ▶ Here | is | my | scarf | .

다시 쓰기 ▶ Here is my scarf.

2

is 있다

raincoat 비옷

채워 쓰기 ▶ Here | | my | | .

다시 쓰기 ▶

3

is 있다

umbrella 우산

채워 쓰기 ▶ Here | | my | | .

다시 쓰기 ▶

4

are 있다

rainboots 장화(들)

채워 쓰기 ▶ Here | | my | | .

다시 쓰기 ▶

5

are 있다

hat 모자

채워 쓰기 ▶ Here | | two | | s.

다시 쓰기 ▶

A 단어의 의미와 철자를 생각하며, 큰 소리로 읽으면서 써보세요.

1

king
왕

k▢▢▢

▢▢ng

king

2

cape
망토

c▢p▢

▢a▢e

cape

3

queen
여왕

qu▢▢n

▢▢een

queen

4

crown
왕관

cr▢▢n

▢▢own

crown

5

prince
왕자

pr▢nce

▢▢ince

prince

6

pants
바지

p▢nts

pa▢▢s

pants

7

princess
공주

prince▢▢

pr▢nc▢ss

princess

8

dress
드레스

dr▢ss

dre▢▢

dress

B 본책에서 배운 내용을 복습하고, 문장을 완성해 써보세요.

Who is wearing ~?

누가 어떤 옷(장신구)을 입고 있는지 물어보는 말로, 입고 있는 상태를 강조할 수 있어요.

Who	is	wearing	a cape?

누가 망토를 입고 있나요?

1

wearing ~을 입고 있다

pants 바지

채워 쓰기 ▶ Who is | wearing | pants | ?

다시 쓰기 ▶ Who is wearing pants?

2

wearing ~을 입고 있다

crown 왕관

채워 쓰기 ▶ Who is | | a | | ?

다시 쓰기 ▶

3

wearing ~을 입고 있다

dress 드레스

채워 쓰기 ▶ Who is | | a | | ?

다시 쓰기 ▶

C 본책에서 배운 내용을 복습하고, 주어진 단어를 활용해 문장을 써보세요.

1

**is wearing,
The king, a cape**
→

문장 쓰기

우리말 쓰기

2

**is wearing, The
princess, a dress,**
→

문장 쓰기

우리말 쓰기

A 단어의 의미와 철자를 생각하며, 큰 소리로 읽으면서 써보세요.

1	2	3	4
moon 달	**sky** 하늘	**star** 별	**bright** 밝은, 빛나는

m ☐ ☐ n	sk ☐	st ☐ ☐	br ☐ ☐ ☐ t
☐ oo ☐	☐ ☐ y	☐ ☐ ar	☐ ☐ ight
moon	sky	star	bright

여기서 **ow**는 /아우/ 소리가 나요.

5	6	7
owl 부엉이	**bat** 박쥐	**night** 밤

☐ ☐ l	b ☐ t	n ☐ ☐ ☐ t
ow ☐	☐ a ☐	☐ igh ☐
owl	bat	night

It is night.

B 본책에서 배운 내용을 복습하고, 문장을 완성해 써보세요.

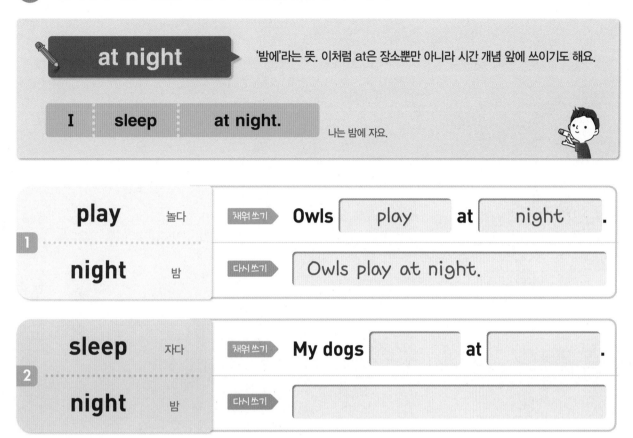

at night '밤에'라는 뜻. 이처럼 at은 장소뿐만 아니라 시간 개념 앞에 쓰이기도 해요.

| I | sleep | at night. |

나는 밤에 자요.

1
play 놀다
night 밤

채워쓰기 ▶ Owls play at night .

다시쓰기 ▶ Owls play at night.

2
sleep 자다
night 밤

채워쓰기 ▶ My dogs at .

다시쓰기 ▶

C 본책에서 배운 내용을 복습하고, 주어진 단어를 활용해 문장을 써보세요.

1
in the sky, is,
The moon

문장 쓰기 →

우리말 쓰기

2
are, The stars,
in the sky

문장 쓰기 →

우리말 쓰기

3
They, bright,
are

문장 쓰기 →

우리말 쓰기

여기서부터

정답과 **해설** 이 시작해요! ➡ ➡ ➡

정답과 해설

Answers

Unit 01   p.10

STEP 01

❶ **pl**ay
❷ play**gro**und
❸ go **up**
❹ **go** down
❺ **sl**ide
❻ **see**saw
❼ sw**ing**

STEP 02

A ❶ play
  ❷ playground
  ❸ go up
  ❹ go down
B ❶ play on the **slide**
  ❷ play on the **swing**
  ❸ play on the **seesaw**

STEP 03

A ❶ We **play** on the **swings**.
  ❷ We **play** on the **seesaw**.
B ❶ We play on the seesaw.
  ❷ We go up and go down.
  ❸ We play on the playground.

STEP 04

놀이터에서

제인과 나는 함께 놀아요.
우리는 미끄럼틀을 타고 놀아요.
우리는 올라가고 내려가요.
우리는 시소를 타고 놀아요.
우리는 올라가고 내려가요.
우리는 그네들을 타고 놀아요.
우리는 올라가고 내려가요.
우리는 놀이터에서 놀아요.

1 ❶ play   ❷ swings
2 ❶ O   ❷ O

Unit 02   p.16

STEP 01

❶ sch**oo**l
❷ **fr**iend
❸ rea**d**
❹ b**oo**k
❺ c**ou**nt
❻ n**u**mber
❼ dr**aw**
❽ p**i**cture

STEP 02

A ❶ friend   ❷ school
  ❸ picture   ❹ book
B ❶ **read** books   ❷ **draw** pictures
  ❸ **count** numbers

STEP 03

A ❶ At school, I **draw pictures**.
  ❷ At school, I **play** with my **friends**.
B ❶ I draw pictures.
  ❷ At school, I read books.
  ❸ At school, I count numbers.

STEP 04

학교는 즐거워요!

학교에서,
나는 책들을 읽어요. / 나는 숫자들을 세요.
나는 그림들을 그려요. / 나는 그림들을 색칠해요.
나는 노래하고 춤춰요. / 나는 내 친구들과 놀아요.
학교는 즐거워요!

1 ❶ books   ❷ friends
2 ❶ O   ❷ O

Unit 03   p.22

STEP 01

❶ bedr**oo**m
❷ sl**ee**p
❸ ba**th**room
❹ wa**sh**
❺ living r**oo**m
❻ wat**ch**
❼ kit**ch**en
❽ c**oo**k

STEP 02

A ❶ wash   ❷ cook
  ❸ sleep   ❹ watch
B ❶ in the **bedroom**
  ❷ in the **bathroom**
  ❸ in the **kitchen**

STEP 03

A ❶ I **sleep** in the **bedroom**.
　❷ I **watch** TV in the **living room**.
B ❶ This is a living room.
　❷ I wash in the bathroom.
　❸ I cook in the kitchen.

STEP 04

우리집

이곳은 침실이야. / 나는 침실에서 잠을 자.
이곳은 화장실이야. / 나는 화장실에서 씻어.
이곳은 거실이야. / 나는 거실에서 TV를 봐.
이곳은 주방이야. / 나는 주방에서 요리해.

1 ❶ bathroom　　❷ living room
2 ❶ X　　　　　 ❷ O
3

Unit 04   p.28

STEP 01

❶ b**ir**d　　　　　❷ fr**o**g
❸ butt**er**fly　　　❹ ladyb**u**g
❺ g**a**rden　　　　❻ flow**er**
❼ tr**ee**

STEP 02

A ❶ ladybug　　　❷ bird
　❸ butterfly　　　❹ frog
B ❶ 나무　　❷ 꽃　　❸ 정원

STEP 03

A ❶ It is a **blue bird**.
　❷ It is a **yellow butterfly**.
B ❶ I see flowers.
　❷ It is a red and black ladybug.
　❸ I am in the garden.

STEP 04

정원에서

나는 나비를 봐요. / 그것은 노란 나비예요.
나는 개구리를 봐요. / 그것은 초록 개구리예요.
나는 새를 봐요. / 그것은 파란 새예요.
나는 무당벌레를 봐요.
그것은 빨갛고 검은 무당벌레예요.
나는 나무들과 꽃들을 봐요. / 나는 정원에 있어요.

1 ❶ bird　　　　　❷ frog
2 ❶ X　　　　　　❷ O

Unit 05   p.34

STEP 01

❶ sw**i**m　　　　❷ wat**er**
❸ d**i**g　　　　　❹ s**a**nd
❺ mak**e**　　　　❻ s**a**nd**ca**stle
❼ s**ur**f　　　　　❽ w**a**v**e**

STEP 02

A ❶ surf　　　　　❷ make
　❸ sandcastle　　❹ dig
B ❶ swim in the **water**
　❷ play in the **sand**
　❸ surf in the **wave**s

STEP 03

A ❶ I am **making** a **sandcastle**.
　❷ My dog is **digging** in the **sand**.
B ❶ playing　❷ making　❸ surfing

STEP 04

나의 커다란 모래성

나의 여동생은 모래에서 놀고 있어.
나의 개는 모래를 파고 있어.
나의 남동생은 물 속에서 수영하고 있어.
우리 아빠는 파도에서 파도타기를 하고 있어.
나는 모래성을 만들고 있어.
짜잔! / 내 커다란 모래성 좀 봐!

1 ❶ in the water　　❷ sandcastle
2 ❶ X　　　　　　　❷ O
3 ❶ My dad is surfing in the waves.
　❷ My sister is playing in the sand.
　❸ My brother is swimming in the water.

④ My dog is digging in the sand.

Review Test   p.40

LISTEN & CIRCLE
❶ swings ❷ kitchen ❸ picture ❹ ladybug

LOOK & WRITE
❶ cook   ❷ make   ❸ sand

READ & MATCH
❶ c   ❷ b   ❸ d   ❹ a

READ & WRITE
❶ 내려간다   ❷ 친구들
❸ 침실   ❹ 파도타기를 하고 있다

Review Game   p.42

❶ watch   ❷ green frog
❹ My brother is swimming in the water.
❺ At school I read books.
❻ seesaw / slide   ❼ dig
❽ I wash in the bathroom.
❾ It is a yellow butterfly.   ❿ swing
⓭ I count numbers.
⓮ I am in the garden.
⓯ I am making a sandcastle.

Unit 06   p.44

STEP 01
❶ wa**lk**   ❷ g**o**
❸ bik**e**   ❹ **c**ar
❺ bu**s**   ❻ tra**in**
❼ pla**ne**   ❽ helicopt**er**

STEP 02
A ❶ bus   ❷ walk
  ❸ go   ❹ car
B ❶ This is a **train**. ❷ This is a **plane**.
  ❸ This is a **helicopter**.

STEP 03
A ❶ I **go** to school by **bus**.
  ❷ I **go** to school by **bike**.
B ❶ car   ❷ walk   ❸ train

STEP 04

나는 자전거로 가요

소녀 1: 이것은 버스예요. / 나는 버스로 학교에 가요.
소년 1: 이것은 자동차예요. / 나는 자동차로 학교에 가요.
소녀 2: 이것은 자전거예요. / 나는 자전거로 놀이터에 가요.
소년 2: 나는 놀이터에 걸어가요.

1 ❶ helicopter   ❷ plane
2 ❶ X   ❷ O
3 This is a **bus**. I go to **school** by **bus**.

Unit 07   p.50

STEP 01
❶ s**e**ven   ❷ ei**gh**t
❸ ni**n**e   ❹ ten
❺ man**y**   ❻ h**ow** many
❼ a **wh**eel   ❽ wh**ee**ls

STEP 02
A ❶ many   ❷ a wheel
  ❸ wheels   ❹ how many
B ❶ **seven** wheels ❷ **eight** wheels
  ❸ **ten** wheels

STEP 03
A ❶ **How many** wheels? / **Nine** wheels.
  ❷ **How many** wheels? / **Seven** wheels.
B ❶ wheels   ❷ Eight   ❸ Ten

STEP 04

바퀴가 몇 개이니?

소녀: 자전거가 한 대. / 바퀴가 몇 개이니?
소년: 바퀴가 두 개 있어!
소녀: 자전거가 세 대. / 바퀴가 몇 개이니?
소년: 바퀴가 여섯 개 있어!
소녀: 자전거가 네 대. / 바퀴가 몇 개이니?
소년: 바퀴가 여덟 개 있어!
소녀: 자전거가 다섯 대. / 바퀴가 몇 개이니?
소년: 음... 바퀴가 열 개 있어!

1 ❶ six   ❷ wheels
2 ❶ X   ❷ O
3 books – Eight books
  cars – Two cars
  pencils – Ten pencils

정답과 해설 Answers

Unit 08　　　　　　　　p.56

STEP 01
❶ he　　　❷ she
❸ sing　　❹ singer
❺ bake　　❻ baker
❼ teach　　❽ teacher

STEP 02
A ❶ baker　　❷ teacher
　❸ singer　　❹ teach
B ❶ He can sing. / She can swim.
　❷ He can bake bread. /
　She can teach well.

STEP 03
A ❶ She is a singer.
　❷ He is a teacher.
B ❶ He　❷ baker　❸ teach

STEP 04

그녀는 제빵사예요

이 사람은 제인이야.
그녀는 (빵을) 잘 구울 수 있어. / 그녀는 제빵사야.
이 사람은 존이야.
그는 노래를 잘 할 수 있어. / 그는 가수야.
이 분은 브라운 씨야.
그녀는 잘 가르칠 수 있어. / 그녀는 나의 선생님이야!

1 ❶ baker　　❷ singer
2 ❶ X　　　　❷ O
3 ❶ He can bake well. He is a baker.
　❷ She can sing well. She is a singer.
　❸ She can teach well.
　　She is a teacher.

Unit 09　　　　　　　　p.62

STEP 01
❶ doctor　　❷ vet
❸ cook　　　❹ waiter
❺ pilot　　　❻ firefighter
❼ dancer　　❽ driver

STEP 02
A ❶ doctor　　❷ waiter

❸ vet　　　　❹ firefighter
B ❶ I am a dancer. ❷ She is a cook.
　❸ He is a pilot.

STEP 03
A ❶ Is he a driver? / Yes, he is.
　❷ Is she a doctor? / No, she is not.
B ❶ vet　　❷ pilot　　❸ cook

STEP 04

그는 의사인가요?

소년: 그는 의사인가요?
소녀: 아니요, 그렇지 않아요. / 그는 조종사예요.
소년: 그녀는 요리사인가요?
소녀: 아니요, 그렇지 않아요. / 그녀는 수의사예요.
소년: 그는 운전기사인가요?
소녀: 아니요, 그렇지 않아요. / 그는 종업원예요.
소년: 그녀는 소방관인가요?
소녀: 네, 그래요. / 그녀는 소방관예요.

1 ❶ doctor　　❷ driver
2 ❶ O　　　　❷ X
3 She is a driver. / He is a doctor. /
　He is a firefighter.

Unit 10　　　　　　　　p.68

STEP 01
❶ farm　　❷ farmer
❸ cow　　❹ hen
❺ duck　　❻ sheep
❼ pig　　　❽ horse

STEP 02
A ❶ farmer　　❷ sheep
　❸ cow　　　❹ duck
B ❶ a big farm　❷ It is a horse.
　❸ It is a hen.

STEP 03
A ❶ Who is it? / It is a sheep.
　❷ Who is it? / It is a pig.
B ❶ farmer　　❷ cow　　❸ duck

STEP 04

누구세요?

농부: 나는 농부예요. / 나는 큰 농장을 갖고 있어요.

36

농부: 누구세요? / 오리: 꽥! 오리예요.
농부: 들어와!
농부: 누구세요? / 돼지: 꿀꿀! 돼지예요.
농부: 들어와!
농부: 누구세요? / 양: 매에! 양이에요.
농부: 들어와!

1 ❶ hen ❷ horse ❸ cow
2 ❶ It is a sheep. ❷ It is a pig.
❸ It is a duck.

Review Test   p.74

LISTEN & CIRCLE
❶ teach ❷ sheep ❸ bike ❹ dancer

LOOK & WRITE
❶ nine ❷ hen ❸ vet

READ & FIND
❶ a ❷ d ❸ b ❹ c

READ & WRITE
❶ 네(4) ❷ 걸어 ❸ 누구 ❹ 선생님

Review Game   p.76

❶ plane / helicopter ❷ It is a cow.
❹ He / firefighter
❺ How many wheels? ❻ horse
❼ I go to school by bike. ❽ baker
❾ Who is it? ⑫ farm
⑬ three bikes / six wheels
⑭ No, he is not(isn't).
⑮ I walk to the playground.

Unit 11   p.78

STEP 01
❶ **su**n ❷ **su**nn**y**
❸ clo**u**d ❹ cloud**y**
❺ **rai**n ❻ **rai**n**ing**
❼ sn**ow** ❽ snow**ing**

STEP 02
A ❶ sun ❷ rain
❸ sunny ❹ raining

B ❶ It is **sunny**. ❷ It is **cloudy**.
❸ It is **snowing**.

STEP 03
A ❶ I can **see clouds**.
❷ I can **see rain**.
B ❶ snow ❷ the sun ❸ raining

STEP 04

화창해요
여기 좀 봐요!
나는 해를 볼 수 있어요. / 화창해요.
여기 좀 봐요!
나는 구름들을 볼 수 있어요. / 흐려요.
여기 좀 봐요!
나는 비를 볼 수 있어요. / 비가 와요.
여기 좀 봐요!
나는 눈을 볼 수 있어요. / 눈이 와요.

1 ❶ clouds ❷ raining
2 ❶ X ❷ O
3 월요일, 수요일, 일요일: It is **sunny**.
화요일, 토요일: It is **cloudy**.
목요일: It is **raining**. / 금요일: It is **snowing**.

Unit 12   p.84

STEP 01
❶ spr**ing** ❷ summ**er**
❸ f**all** ❹ wint**er**
❺ a l**ea**f ❻ l**ea**ves
❼ gr**ow** ❽ chang**e**

STEP 02
A ❶ grow ❷ a leaf
❸ spring ❹ winter
B ❶ Leaves **grow**.
❷ Leaves **change** colors.
❸ No **leaves** are on the tree.

STEP 03
A ❶ It is **spring**.
❷ It is **winter**.
B ❶ It is summer. ❷ It is fall.
❸ Leaves are green.

STEP 04

나무 위의 잎들

봄이에요. / 나뭇잎들은 자라요.
여름이에요. / 나뭇잎들은 초록색이에요.
가을이에요. / 나뭇잎들은 색을 바꿔요.
겨울이에요. / 저 나무 좀 보세요!
나무 위에 나뭇잎들이 (하나도) 없어요.

1 ❶ fall   ❷ grow
2 ❶ X   ❷ O
3

| spring | summer | fall | winter |

Unit 13   p.90

STEP 01

❶ co**a**t   ❷ sc**arf**
❸ gl**ove**s   ❹ h**a**t
❺ **rai**ncoat   ❻ rainb**oo**ts
❼ **u**mbr**ella**

STEP 02

A ❶ rainboots   ❷ hat
    ❸ coat   ❹ gloves
B ❶ 비옷   ❷ 목도리   ❸ 우산

STEP 03

A ❶ **Here is** my **coat**.
    ❷ **Here are** my **gloves**.
B ❶ Here is my scarf.
    ❷ Here are my gloves.
    ❸ I can play in the snow.

STEP 04

여기 내 코트가 있어요

눈이 와요.
여기 내 코트가 있어요.
여기 내 목도리가 있어요.
여기 내 장갑(들)이 있어요.

나는 눈 속에서 놀 수 있어요.
비가 와요.
여기 내 우산이 있어요.
여기 내 비옷이 있어요.
여기 내 장화(들)이 있어요.
나는 빗속에서 놀 수 있어요.

1 ❶ umbrella   ❷ gloves
2 ❶ O   ❷ X
3 It is raining.
    - umbrella, raincoat, rainboots
    It is snowing.
    - scarf, coat, gloves, hat

Unit 14   p.96

STEP 01

❶ **k**i**ng**   ❷ **cape**
❸ qu**ee**n   ❹ cr**ow**n
❺ pr**i**nce   ❻ p**a**nts
❼ princ**ess**   ❽ dr**ess**

STEP 02

A ❶ queen   ❷ dress
    ❸ cape   ❹ prince
B ❶ 공주   ❷ 왕관   ❸ 바지

STEP 03

A ❶ Who is **wearing** a **cape**?
    ❷ Who is **wearing** a **dress**?
B ❶ Princess   ❷ a crown   ❸ prince

STEP 04

누가 왕관을 쓰고 있나요?

누가 왕관을 쓰고 있나요?
여왕이 왕관을 쓰고 있어요.
누가 바지를 입고 있나요?
왕자가 바지를 입고 있어요.
누가 망토를 입고 있나요?
왕이 망토를 입고 있어요.
누가 드레스를 입고 있나요?
공주가 드레스를 입고 있어요.

1 ❶ king   ❷ pants
2 ❶ X   ❷ O

Unit 15   p.102

STEP 01

❶ m**oo**n   ❷ sk**y**
❸ st**ar**   ❹ br**igh**t
❺ **ow**l   ❻ b**at**
❼ n**igh**t

STEP 02

A ❶ bat   ❷ owl
    ❸ moon   ❹ star
B ❶ in the **sky**   ❷ It is **night**.
    ❸ The stars are **bright**.

STEP 03

A ❶ I **sleep** at **night**.
    ❷ Owls **play** at **night**.
B ❶ moon   ❷ sky   ❸ Bats

STEP 04

> **밤에**
>
> 달이 하늘에 있어요.
> 그것은 밝아요.
> 밤이에요.
> 나는 밤에 자요.
> 내 개들도 밤에 자요.
> 별들이 하늘에 있어요.
> 그것들은 밝아요.
> 밤이에요.
> 부엉이들은 밤에 놀아요.
> 박쥐들도 밤에 놀아요.

1 ❶ night   ❷ moon
2 ❶ X   ❷ O
3

sun	moon
cloud	star

Review Test   p.108

LISTEN & FIND

❶ f   ❷ c   ❸ a   ❹ e   ❺ b   ❻ d

LOOK & WRITE

❶ rain   ❷ fall   ❸ hat

READ & MATCH

❶ c   ❷ b   ❸ d   ❹ a

READ & WRITE

❶ 비   ❷ 드레스   ❸ 바꾼다   ❹ 눈

Review Game   p.110

❶ umbrella, rainboots
❷ spring
❹ king
❻ It is cloudy.
❼ Leaves grow.
❽ crown
❾ night
❿ gloves
⓬ Who is wearing pants?
⓮ three clouds
⓯ Here is my scarf.

WORK BOOK Answers

UNIT 01

B ❶ play, seesaw   ❷ play, slide
C ❶ Jane and I play together.
    / 제인과 나는 함께 놀아요.
   ❷ We go up and go down.
    / 우리는 올라가고 내려가요.
   ❸ We play on the playground.
    / 우리는 놀이터에서 놀아요.

UNIT 02

B ❶ read, books ❷ count, numbers
❸ draw, pictures ❹ play, friends
❺ At school, sing

UNIT 03

B ❶ wash, bathroom ❷ cook, kitchen
❸ watch, living room
C ❶ This is a living room. / 이곳은 거실이야.
❷ This is a kitchen. / 이곳은 주방이야.

UNIT 04

B ❶ green, frog ❷ yellow, butterfly
❸ red, ladybug
C ❶ I see a bird. / 나는 새를 봐요.
❷ I am in the garden. / 나는 정원에 있어요.

UNIT 05

B ❶ playing, sand ❷ digging, sand
❸ surfing, wave ❹ swimming, water
❺ making, pizza

UNIT 06

B ❶ go, train ❷ go, car
❸ go, bike
C ❶ This is a car. / 이것은 자동차예요.
❷ I walk to the playground.
/ 나는 놀이터에 걸어가요.

UNIT 07

B ❶ How many, Six
❷ How many, Seven
❸ How many, Eight
❹ How many, Ten
❺ How many, bike

UNIT 08

B ❶ She, teacher ❷ He, baker
❸ She, mom
C ❶ This is John. / 이 사람은 존이야.
❷ He can sing well. / 그는 노래를 잘 할 수 있어.

UNIT 09

B ❶ she, doctor ❷ he, pilot
❸ she, firefighter

C ❶ Yes, he is. ❷ No, she is not.

UNIT 10

B ❶ it, sheep ❷ it, duck
C ❶ I am a farmer. / 나는 농부예요.
❷ I have a big farm.
/ 나는 큰 농장을 갖고 있어요.
❸ Who is it? / 누구세요?

UNIT 11

B ❶ see, rain ❷ see, a cloud
❸ see, snow
C ❶ It is sunny. / 화창해요.
❷ It is raining. / 비가 와요.

UNIT 12

B ❶ It, summer ❷ It, fall
C ❶ Leaves are green.
/ 나뭇잎들은 초록색이에요.
❷ Leaves change colors.
/ 나뭇잎들은 색을 바꿔요.
❸ Look at the tree! / 저 나무 좀 보세요!

UNIT 13

B ❶ is, scarf ❷ is, raincoat
❸ is, umbrella ❹ are, rainboots
❺ are, hat

UNIT 14

B ❶ wearing, pants
❷ wearing, crown
❸ wearing, dress
C ❶ The king is wearing a cape.
/ 왕이 망토를 입고 있어요.
❷ The princess is wearing a dress.
/ 공주가 드레스를 입고 있어요.

UNIT 15

B ❶ play, night ❷ sleep, night
C ❶ The moon is in the sky.
/ 달이 하늘에 있어요.
❷ The stars are in the sky.
/ 별들이 하늘에 있어요.
❸ They are bright. / 그것들은 밝아요.

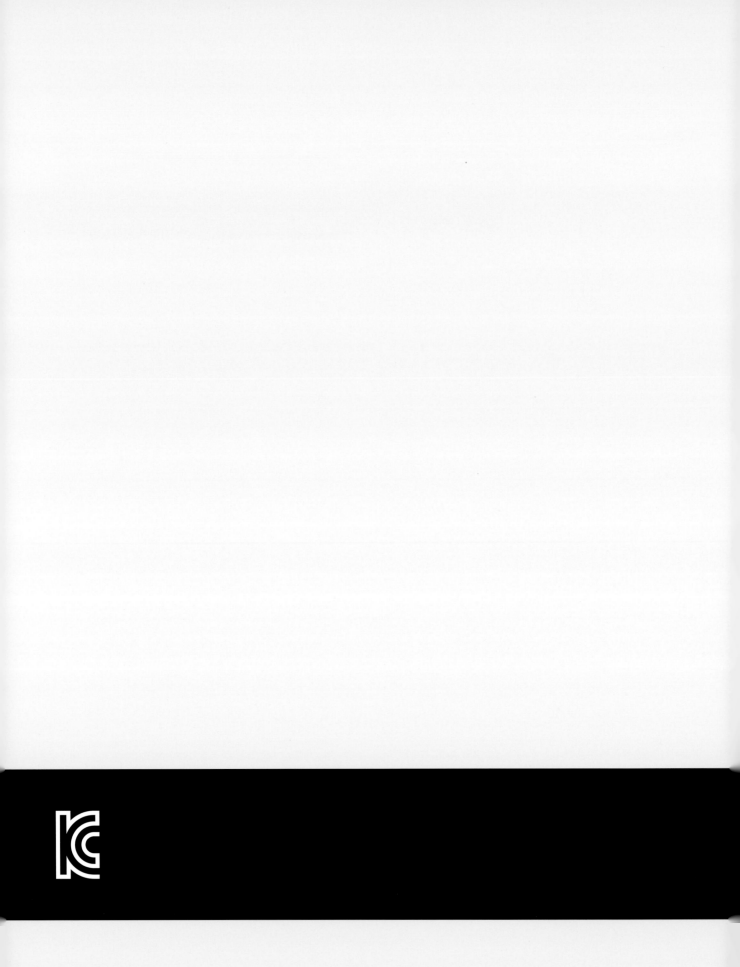